A Função Coercitiva da Cláusula Penal e uma Crítica ao Art. 412 do Código Civil de 2002

A Função Coercitiva da Cláusula Penal e uma Crítica ao Art. 412 do Código Civil de 2002

2014

Pedro Amaral Salles

A FUNÇÃO COERCITIVA DA CLÁUSULA PENAL E UMA CRÍTICA AO ART. 412 DO CÓDIGO CIVIL DE 2002
© Almedina, 2014

AUTOR: Pedro Amaral Salles
DIAGRAMAÇÃO: Almedina
DESIGN DE CAPA: FBA
ISBN: 978-856-31-8282-1

Dados Internacionais de Catalogação na Publicação (CIP)
(Câmara Brasileira do Livro, SP, Brasil)

Salles, Pedro Amaral
A função coercitiva da cláusula penal e uma
crítica ao art. 412 do código civil de 2002 /
Pedro Amaral Salles. -- São Paulo : Almedina, 2014.
ISBN 978-85-63182-82-1
1. Cláusula penal (Direito) - Brasil 2. Código
civil - Brasil 3. Direito civil - Brasil
I. Título.

14-11542   CDU-347(81)

Índices para catálogo sistemático:
1. Brasil : Direito civil 347(81)

Este livro segue as regras do novo Acordo Ortográfico da Língua Portuguesa (1990).

Todos os direitos reservados. Nenhuma parte deste livro, protegido por copyright, pode ser reproduzida, armazenada ou transmitida de alguma forma ou por algum meio, seja eletrônico ou mecânico, inclusive fotocópia, gravação ou qualquer sistema de armazenagem de informações, sem a permissão expressa e por escrito da editora.

Novembro, 2014

EDITORA: Almedina Brasil
Rua José Maria Lisboa, 860, Conj.131 e 132 | Jardim Paulista | 01423-001 São Paulo | Brasil
editora@almedina.com.br
www.almedina.com.br

*Dedico este trabalho à Paula, minha esposa,
por estar sempre ao meu lado e por ser minha maior incentivadora.*

*Agradeço ao André, meu orientador e amigo,
e a todos os meus professores do Insper,
pelo constante aprendizado.*

APRESENTAÇÃO

A cláusula penal é uma multa contratual cuja finalidade precípua é coagir o devedor ao cumprimento da prestação a qual se obrigou pelo contrato. Independentemente de assegurar o cumprimento da obrigação, a multa pode ter caráter puramente punitivo, quando é fixada para o caso de atraso no adimplemento da prestação – cláusula penal moratória –, ou então se presta essencialmente a pré-fixar indenização por perdas e danos para o caso de descumprimento parcial ou total da obrigação principal – cláusula penal compensatória.

Ao credor é licito cobrar a prestação e a multa moratória, concomitantemente; mas quando se tratar de cláusula penal compensatória, o credor deve necessariamente escolher entre a prestação e a multa.

O Código Civil determina que a cláusula penal deve ser reduzida pelo juiz quando a obrigação já estiver sido cumprida, ou quando fixada em patamar manifestamente excessivo.

O Código de Defesa do Consumidor limita o valor da cláusula penal moratória em 2% sobre o valor da prestação em atraso. A fixação da multa compensatória, por sua vez, é de livre fixação pelas partes, mas não pode ser abusiva.

Nos contratos de compra e venda de bens móveis e imóveis, é vedada a estipulação de cláusula que imponha pena de perdimento das prestações já pagas pelo consumidor, na hipótese de rescisão do contrato por este último, e caso o fornecedor pretenda a retomada do bem.

Na Lei da Usura, que trata dos contratos de mútuo, o limite da cláusula penal é de 10%.

Nos ordenamentos jurídicos italiano, português e argentino (todos do sistema *civil law*), não há qualquer limitação ao valor da cláusula penal, mas em todos eles há previsão para a redução judicial da multa, sobretudo quando fixada em valor exorbitante, isto é, incompatível com o valor das obrigações assumidas pelas partes.

Entretanto, a cláusula penal não deve ser analisada apenas sob a ótica do direito. O contrato é mais do que um negócio jurídico ajustado na forma da lei. Ele deve ser avaliado e interpretado em um ambiente de mercado, e interessa a toda sociedade, não apenas às partes. Para Direito & Economia, a efetividade dos contratos é a busca da eficiência nas relações contratuais vista como um conjunto, e não isoladamente. E a intervenção do Estado no valor da cláusula penal prejudica a efetividade contratual, isto é, a limitação imposta ao valor da multa (art. 412 do Código Civil) enfraquece a liberdade que as partes deveriam ter para, em determinados casos em que o mercado econômico exige, fixar a multa livremente, inclusive em patamar superior ao valor da obrigação principal.

PREFÁCIO

Sempre acreditei que a maior virtude que eu poderia cultivar durante a minha vida seria a gratidão. Há situações, presentes e encontros que não compreendemos em um primeiro momento, mas que depois vão se clareando no contexto geral da obra que construímos durante nossa vida. E a amizade é um desses presentes que recebemos e que tem um valor inestimável. Quando um amigo e excelente profissional publica uma primeira obra, tais sentimentos se afloram ainda mais.

Pedro apareceu subitamente lá no Insper candidatando-se para a primeira turma do programa de LL.M. em Direito dos Contratos do Insper nos idos de 2008. Falante, interessado, sentava na primeira fileira da sala e participava de absolutamente todas as discussões. Sua presença era, de fato, marcante desde o início. Desempenho exemplar e postura sempre construtiva para um programa em sua primeira edição. Cobaia? Nada disso. Ele sabia que fazia parte do começo de um grande projeto, que hoje encontra-se em sua 8ª turma e com muito sucesso.

Pedro, incansável, candidata-se na sequência para ser meu professor assistente na disciplina "Direito Aplicado à Administração", que ministrava na Faculdade de Graduação de Administração do Insper. Processo seletivo duro que desenhamos e ele, etapa por etapa, destacou-se e trabalhou comigo por quase dois anos. Nem preciso dizer: ele se destacou novamente... alunos adoravam o Pedro, pois ele sempre se apresentou solícito, generoso, um verdadeiro professor nato...

Deixou-nos após esse período para brilhar no exterior e depois retornar ao Brasil, seguindo carreira-solo na advocacia. E agora publica sua ótima monografia apresentada para a conclusão do seu curso no Insper, da qual participei singelamente como seu orientador. Na verdade, mais dei "pitacos" do que orientei, pois ele sempre foi acima da média e, com muita autonomia e disciplina, deu "conta do recado". Lembro-me bem da dura banca examinadora à qual ele foi submetido, sempre encarando com muita bravura e honestidade os questionamentos.

Agora ele publica a sua obra e mostra a todos uma pequena parcela das suas contribuições intelectuais, que asseguro a todos não será a última. Seu tema toca em uma questão extremamente importante para quem milita na área empresarial, em especial em assuntos contratuais. Em síntese, Pedro trata da cláusula penal, cuja missão principal é obrigar um devedor a cumprir sua prestação.

Com linguagem didática e simples para leitores não só da área do Direito, Pedro propõe que se analise a limitação a tal cláusula, prevista no artigo 412 do Código Civil de 2002, considerando o ambiente de mercado na qual ela se insere, ou seja, sob o ponto de vista econômico, defendendo que a intervenção do Estado no valor dessa cláusula penal prejudica a efetividade contratual. Tal arrojo merece aplauso, pois não é comum em trabalhos acadêmicos na área jurídica ter abordagem multidisciplinar, principal mérito do trabalho que o leitor tem em suas mãos.

Pedro aproveitou e muito suas experiências no Insper e, depois, na Universidade da Pensilvânia, nos Estados Unidos. Seu texto traz a abordagem que ambas as escolas preconizam: a análise integrada. O Direito há tempos precisa de uma análise econômica de seus institutos, e vice-versa. Pedro contribui com essa visão mais ampla, desafiando a doutrina jurídica existente sobre esse tema.

Por fim, deixamos registrados nossos parabéns à Editora Almedina Brasil por apostar em mais essa importante obra para o Direito Empresarial brasileiro. Sorte de todos os leitores que poderão saborear um texto agradável do começo ao fim. Deixando a enorme amizade de lado, honra-nos e muito prefaciar a agradável e útil obra que o leitor passará a ler.

Obrigado, Pedro, por tudo! E parabéns por seu primeiro de muitos "filhos".

André Antunes Soares de Camargo
Coordenador Geral e Professor do Insper Direito, do Insper Instituto de Ensino e Pesquisa.

Doutor em Direito Comercial pela Faculdade de Direito da Universidade de São Paulo.

Professor da Faculdade de Direito da Universidade Presbiteriana Mackenzie/SP.

Advogado em São Paulo.

INTRODUÇÃO

Vivemos os tempos em que o princípio da função social do direito é o guia para a produção, a aplicação e a interpretação legislativa, doutrinária e jurisprudencial. Nesse contexto o homem e a sociedade, em suas relações jurídicas, sofrem diretamente os efeitos dessa nova ordem, pautada nos valores da igualdade, da eticidade (boa-fé) e da operabilidade das normas jurídicas.

A constante busca pela transparência e pela lealdade na criação do vínculo obrigacional faz com que o direito das obrigações ganhe ainda mais requinte. Isto porque, sob a ótica da boa-fé objetiva, as obrigações passam a abranger encargos e comportamentos que vão muito além do objeto da obrigação contratual em si mesma.

As obrigações, por sua vez, estão intrinsecamente ligadas ao direito contratual, já que o contrato nada mais é do que a corporização, verbal ou escrita, de uma obrigação assumida e, como regra, oposta a uma contraprestação. Quem contrata, se obriga. Portanto, o estudo do direito obrigacional e do direito contratual andam e devem andar sempre juntos.

No mundo globalizado, qualquer pessoa, independentemente de sua classe social, credo ou convicção política, contrata a todo momento. Sob a óptica do Direito, estas pessoas estão criando, modificando e extinguindo obrigações. Para a Economia, essas pessoas estão circulando bens e serviços, conforme seus interesses e necessidades.

Na sociedade de consumo, o volume de contratação é extraordinário. Por essa razão é que o Direito e a Economia precisam evoluir rapidamente, sob pena de não acompanhar a acelerada evolução social. E justamente porque o Direito e a Economia precisam caminhar par e passo é que o estudo interdisciplinar dessas matérias mostra-se relevante.

O estudo da influência dos fenômenos econômicos nas normas jurídicas não é novo. Essa discussão tomou corpo a partir da segunda metade do século XX, por meio dos trabalhos pioneiros dos professores Ronald Coase e Richard Posner, da Escola de Chicago (EUA), e Guido Calabresi, de Yale (EUA), que resultaram em nova corrente teórica denominada *Law and Economics* (Direito e Economia).

No Brasil, nada obstante a rica produção jurídica nas áreas do direito antitruste e do direito econômico, a chamada análise econômica do direito e a aplicação das teorias de *Law and Economics* ainda estão distantes do sofisticado debate que se trava nos meios acadêmicos norte-americanos e europeus.

Para o direito contratual, a efetividade dos contratos interessa tanto às partes que contratam como à própria sociedade. Essa efetividade está intimamente ligada a um correspondente ordenamento jurídico que possa adequadamente nortear e amparar a contratação. Mas também está ligada à noção de eficiência, tendo em vista que os contratos celebrados devem ser cumpridos no prazo e na forma em que foram ajustados, sob pena de elevados custos sociais, assim entendidos como as externalidades negativas decorrentes do descumprimento das obrigações e os elevados custos de transação inerentes ao inadimplemento.

Uma das ferramentas mais importantes para se garantir o cumprimento de um contrato é a estipulação de uma cláusula penal. Como regra, a cláusula penal tem como objetivo punir o devedor que não cumpre a prestação no prazo ajustado. Mas também pode servir às partes para pré-fixar indenização por perdas e danos para a hipótese de inadimplemento total ou parcial da obrigação; mas, de um modo ou do outro, a cláusula penal serve para garantir o cumprimento do contrato, coagindo o devedor ao cumprimento da prestação a que se obrigou.

Ninguém duvida que, ao estipular a multa contratual, as partes têm interesse em castigar o devedor inadimplente, e, conforme o caso, até mesmo buscam liquidar antecipadamente os possíveis prejuízos decorrentes do descumprimento. Todavia, admitindo que a efetividade dos contratos é o maior interesse das partes e da própria sociedade, a finalidade coercitiva da cláusula penal é a sua faceta mais importante, na medida em que constrange as partes ao adimplemento da obrigação.

Por isso é que, por uma questão de lógica, as partes deveriam ter absoluta liberdade para a fixação da cláusula penal.

O ordenamento jurídico vigente, entretanto, impõe um limite legal ao valor da cláusula penal a ser estipulada no contrato: o art. 412 do Código Civil vigente ("CC") dispõe que "o valor da cominação imposta na cláusula penal não pode exceder o da obrigação principal".

Essa regra se apresenta como uma indesejada intervenção do Estado na autonomia privada, tendo em vista que ela se aplica a todo e qualquer contrato, inclusive aos contratos paritários. É regra de ordem pública que veda a estipulação de multa em valor superior ao valor da obrigação mesmo quando as partes assim desejam.

O razoável é que esse controle seja feito *a posteriori*, isto é, com a revisão/redução judicial do valor da cláusula penal caso ela seja estipulada pelos contratantes em patamar excessivo.

Aliás, o art. 413 do CC prevê justamente essa possibilidade, ou seja, autoriza o juiz a reduzir a pena fixada em valor manifestamente excessivo, levando em consideração a natureza e a finalidade do negócio. Esse dispositivo torna desnecessária a limitação legal estabelecida no artigo antecedente.

Pode-se admitir, portanto, que a disposição do art. 412 do CC, além de dispensável, é injusta, tendo em vista que de maneira agressiva limita a autonomia da vontade das partes, desconsiderando que em determinados casos a fixação da pena em alto valor é imprescindível.

Sob o aspecto econômico, a limitação fere o princípio da eficiência. Isto porque, como visto, a cláusula penal é valiosa ferramenta para se garantir a efetividade dos contratos, coagindo as partes ao seu cumprimento. Logo, impor restrições à multa é o mesmo que limitar o poder de coação de que dispõem as partes para trazer eficiência ao contrato, eficiência esta que deve ser entendida como o cumprimento no prazo e forma estabelecidos.

Outros ordenamentos jurídicos da *civil law*, tal como o italiano, o português e o argentino, que serão vistos mais detalhadamente adiante, não trazem qualquer limitação legal ao valor da cláusula penal, até porque todos eles, à semelhança do que ocorre no ordenamento pátrio, autorizam expressamente a redução judicial da pena quando estabelecida em valor exorbitante.

A partir de uma análise das principais características da cláusula penal à vista do que dispõe o Direito, combinada com uma avaliação do instituto sob a óptica da disciplina *Law and Economics*, o que se propõe nas linhas que virão é fazer uma crítica ao limite imposto ao valor da cláusula penal pelo art. 412 do CC.

E essa crítica parte de uma análise da lei, da Doutrina e da jurisprudência sobre o instituto, em contraponto com os aspectos sócio-econômicos da cláusula penal. O que se busca, afinal, é examinar os efeitos da barreira ao valor da cláusula penal para a sociedade e não apenas entre as partes, sobretudo para que seja possível uma crítica construtiva ao dispositivo legal limitador.

O primeiro capítulo abordará as principais características do instituto, observadas as disposições do CC; no segundo capítulo veremos o tratamento dado à cláusula penal no Código de Defesa do Consumidor ("CDC") e na Lei da Usura ("LU"), bem como as disposições legais sobre a multa nos códigos civis italiano, português e argentino, além da interpretação do STJ sobre pontos relevantes do tema; e no terceiro e último capítulo será feita a interpretação da cláusula penal sob o espectro do *Law and Economics*, avaliando-se os efeitos sócio-econômicos da limitação legal prevista no CC.

Por fim, esclareça-se que não se pretende esgotar a matéria, ou sugerir a simples remoção do art. 412 do CC. O que se espera é abrir o debate, o que será possível demonstrando alguns dos efeitos negativos decorrentes de restrições impostas pelo dispositivo legal ao princípio da autonomia privada.

Capítulo 1
A Cláusula Penal como Instituto de Direito

1.1. Aspectos gerais

A cláusula penal é um pacto subjacente à obrigação principal, que tem por finalidade estabelecer, desde o início da contratação, uma sanção econômica para a parte que retardar ou descumprir, ainda que em parte, a prestação a qual se obrigou pelo contrato principal. Embora o CC não expresse textualmente o conceito de cláusula penal, sua aplicação prática está preconizada em seu respectivo art. 408:

> **"Art. 408. Incorre de pleno direito o devedor na cláusula penal, desde que, culposamente, deixe de cumprir a obrigação ou se constitua em mora."**

Washington Monteiro de Barros afirma que a cláusula penal é "um pacto secundário e acessório em que se estipula pena ou multa para a parte que se subtrair ao cumprimento da obrigação, a que se obrigara, ou apenas retardá-lo". E prossegue afirmando que é "a estipulação mais comum nos contratos, em que recebe o nome de *pena convencional*, denominação que, aliás, igualmente lhe dá o CC, em vários dispositivos".[1]

---

[1] MONTEIRO, Washington de Barros. **Curso de direito civil, v.4: Direito das obrigações**. 37ª ed., São Paulo: Saraiva, 2003. (obra atualizada por Carlos Alberto Dabus Maluf). p. 374.

Não há no CC ou na legislação civil qualquer determinação no sentido de que a cláusula penal deve ser estabelecida em dinheiro. Por outro lado, não há qualquer proibição legal quanto à fixação da cláusula penal por meio de uma coisa, de uma obrigação subjacente, ou até mesmo de uma abstenção.

Nesse sentido, Arnoldo Wald admite a licitude da cláusula penal quando estipulada como uma obrigação de fazer ou de não fazer:

> "A cláusula penal se apresenta sob a forma de pagamento de determinada quantia em dinheiro, admitindo-se todavia a cláusula cujo conteúdo seja a prática de ato ou mesmo de uma abstenção por parte do inadimplente (v.g., enquanto não entregar a mercadoria, não poderá ausentar-se do país; se não construir a casa dentro do prazo convencionado, o empreiteiro deverá fazer mais um quarto)" [2]

Rubens Limongi França, por sua vez, pondera que não há vedação legal quanto ao estabelecimento de cláusula penal mediante prestação que não o dinheiro; e tendo em vista que uma estipulação com tal conteúdo não tem o condão de desnaturar o instituto, é perfeitamente aceitável estabelecer uma coisa ou um ato com a função de cláusula penal. [3]

Enfim, considerando a autonomia privada como princípio norteador do direito contratual, a conclusão a que se chega é que é possível a instituição de uma cláusula penal em bens, prestação ou abstenção.

É conveniente que as partes, entretanto, determinem o seu correspondente valor em dinheiro, sob pena de desvio da finalidade do instituto, assim entendido como uma sanção "econômica" pré-estabelecida para o caso de descumprimento parcial ou integral da obrigação. Mas quando se estipular a multa penal na forma de obrigação de fazer ou de abstenção, é importante que as partes especifiquem o modo de seu cumprimento e prazo, visando facilitar uma eventual e futura execução judicial da cláusula penal.

Todo contrato carrega consigo uma indesejável carga de insegurança com relação ao adimplemento da prestação, insegurança esta que justifica

---

[2] WALD, Arnoldo. **Curso de Direito Civil Brasileiro. Vol. II: Obrigações e Contratos**. 13ª Edição – Revista, ampliada e atualizada de acordo com a Constituição de 1988 (...). São Paulo: Editora Revista dos Tribunais, 1998. p. 159.

[3] FRANÇA, Rubens Limongi. **Teoria e prática da cláusula penal**. São Paulo: Saraiva, 1988. p. 171.

a estipulação de uma cláusula penal. Noutras palavras, é a expectativa de descumprimento, em maior ou menor grau, que cria o ambiente propício para o estabelecimento de uma cláusula penal, que, ao fim e ao cabo, acaba por estimular as partes a cumprir a obrigação assumida.

Arnaldo Rizzardo, em sua obra *Direito das obrigações*, coloca de maneira bastante objetiva que "Visa a cláusula penal emprestar garantia e segurança ao cumprimento da obrigação." [4]

Já Caio Mário é categórico ao dispor que: "A finalidade essencial da pena convencional, a nosso ver, é o reforçamento do vínculo obrigacional, e é com este caráter que mais assiduamente se apõe à obrigação". [5]

Sobre a cláusula penal, Álvaro Villaça Azevedo reforça que a cláusula penal deve ser vista como indenização pré-estabelecida e devida independentemente de culpa ou dolo:

> "Como tal, ela impõe-se para garantir o cumprimento da obrigação assumida, assegurando à parte inocente, independentemente da prova de culpabilidade da outra, em caso de atraso ou de inadimplemento, o recebimento da multa, cujo conteúdo econômico reflete-se como verdadeiro e prévio estabelecimento de prejuízos". [6]

Normalmente a multa penal é estipulada no próprio instrumento que estabelece a obrigação principal (contrato), como uma de suas cláusulas. Há casos, entretanto, em que ela é estabelecida em instrumento aditivo, simultâneo ou posterior à celebração do contrato principal, conforme autoriza o art. 409 do CC:

> **"Art. 409. A cláusula penal estipulada conjuntamente com a obrigação, ou em ato posterior, pode referir-se à inexecução completa da obrigação, à de alguma cláusula especial ou simplesmente à mora."**

---

[4] RIZZARDO, Arnaldo. **Direito das obrigações**. 4ª ed., Rio de Janeiro: Forense, 2008. p. 537.
[5] PEREIRA, Caio Mário da Silva. **Instituições de Direito Civil - Teoria geral das obrigações**. v. II, 20ª ed., Rio de Janeiro: Forense, 2003. pp. 145-146.
[6] AZEVEDO, Álvaro Villaça. **Teoria Geral das Obrigações**. 10ª edição. São Paulo: Atlas, 2004. p. 258.

O que importa é que, ainda que acordada em separado, a cláusula penal seja estipulada em momento anterior ao descumprimento da obrigação e, sobretudo, faça menção inequívoca ao contrato principal, para que dele seja inquestionavelmente um pacto subsidiário.

Se a multa convencional estipulada contratualmente for uma pena para o retardamento da prestação, *a priori* o que se pretende é pré-estabelecer a simples punição para a parte que não cumpre a obrigação no prazo estipulado, circunstância em que recebe o nome de "cláusula penal moratória".

A multa convencional pode, também, ter um caráter eminentemente compensatório, quando estipulada contratualmente com o fim de ressarcir a vítima do inadimplemento da obrigação. É o que a doutrina civilista denomina "cláusula penal compensatória", cuja finalidade nada mais é do que pré-fixar, contratualmente, uma indenização por perdas e danos para o caso de inadimplemento parcial ou total da obrigação principal.

Sílvio de Salvo Venosa explica que:

> "Quando a multa é aposta para o descumprimento total da obrigação, ou de uma de suas cláusulas, é compensatória. [...] Quando se apõe a multa para o cumprimento retardado da obrigação, mas ainda útil ao credor, a cláusula penal é moratória." [7]

É bom deixar claro que uma (moratória) não pode se confundir com a outra (compensatória), sob pena de macular as suas respectivas finalidades.

Mais uma questão relevante sobre os aspectos gerais do instituto diz respeito à nulidade da cláusula penal quando nula é a obrigação principal. Essa discussão tomou corpo com a promulgação do CC de 2002 que, em tese, suprimiu a regra antes consignada no art. 922 do CC 1916, que dispunha expressamente que "a nulidade da obrigação importa a da cláusula penal".

Sílvio Venosa, citando Serpa Lopes, sustenta que mesmo diante de um contrato nulo, sobreviveria a cláusula penal. E justifica a sua assertiva citando como exemplo o caso de venda de coisa que, dolosamente, não pertence ao

---

[7] VENOSA, Sílvio de Salvo. **Direito Civil: teoria geral das obrigações e teoria geral dos contratos**. 3ª ed., São Paulo: Atlas, 2003. p. 166.

vendedor. Nessa hipótese, obviamente seria de rigor a execução da cláusula penal.[8]

Sobre esse assunto, à semelhança do que sustenta Sílvio Venosa, Washington de Barros argumenta que:

> "O novo Código, nesse ponto, inova de forma fundamental o direito anterior, ao suprimir a regra constante do art. 922 do Código Civil de 1916, que estipulava que a nulidade da obrigação principal implicava necessariamente a nulidade da cláusula penal, quando isso nem sempre deveria ser verdade. Maria Helena Diniz já registrava que, 'para alguns autores, pode ocorrer que, em certos casos, a cláusula penal tenha validade, mesmo que a obrigação principal seja nula, desde que tal nulidade dê lugar a uma ação de indenização de perdas e danos; é o que ocorre, p. ex., com a cláusula penal estipulada em contrato de compra e venda de coisa alheia, se esse fato era ignorado pelo comprador, visto que, nessa hipótese, a cláusula penal, sendo o equivalente do dano, será devida por se tratar de matéria inerente ao prejuízo e não ao contrato' (Curso de Direito Civil Brasileiro, cit., p. 322). Aqui, andou bem o novo Código, valendo-se também da companhia dos Códigos argentino (art. 666) e uruguaio (art. 1.365), que estabelecem expressamente que a cláusula penal continua válida, ainda que a obrigação principal se tenha tornado inexigível."[9]

Por outro lado, sob o manto do brocardo jurídico "o acessório segue o principal", quando nula é a obrigação principal, nula é a cláusula penal, reconhecidamente um pacto subsidiário e, portanto, acessório ao contrato principal. Frise-se, pois, que essa ainda é a regra, salvo em casos excepcionais, tal como exemplo mencionado tanto por Sílvio Venosa como por Maria Helena Diniz (venda de coisa que não pertence ao vendedor).

Sobre esse assunto, importa ainda citar o art. 184 do CC, que dispõe que "respeitada a intenção das partes, a invalidade parcial de um negócio jurídico não o prejudicará na parte válida, se esta for separável; a invalidade da obrigação principal implica a das obrigações acessórias, mas a destas não induz a da obrigação principal". Com base nesse dispositivo seria possível sustentar que a extinção da obrigação principal não ensejaria a conseqüente extinção da

---

[8] Op. cit. p. 166.
[9] Op. cit. p. 376.

cláusula penal se, verificada a verdadeira intenção das partes, percebe-se que uma delas agiu de absoluta má-fé. Nessa hipótese a preservação da cláusula penal é medida que se impõe, sob pena de se prestigiar a má-fé do vendedor que agiu com dolo.

Enfim, é preciso verificar o objeto da contratação e a real intenção das partes para decidir se, no caso concreto, a nulidade do contrato principal é capaz de exterminar ou não a cláusula penal em princípio licitamente estipulada.

1.2. Cláusula penal *versus* arras

Não se pode falar em cláusula penal sem tratar das similitudes e as diferenças entre ela e o instituto das "arras", na medida em que ambas têm natureza jurídica e finalidade muito semelhantes.

As arras correspondem a uma importância em dinheiro ou bem entregue como garantia da execução de um contrato. Também é conhecida como "sinal", que nada mais é do que um princípio de pagamento no ato da celebração do contrato. Arnaldo Rizzardo, sobre o tema, afirma que as arras "significam elas a entrega de dinheiro, ou de coisa fungível, no momento da celebração do contrato, que complementará o preço". [10]

Tanto a cláusula penal como as arras são pactos acessórios que têm, como finalidade precípua, garantir o cumprimento da obrigação principal. Além disso, ambas são estipuladas pelas partes com a finalidade de se pré-fixar uma indenização por perdas e danos para o caso de inadimplemento da obrigação. Elas são parte do pagamento, salvo quando dada em bens, hipótese em que deve ser devolvida se e quando o contrato for concluído. O art. 417 do CC dispõe que o seu pagamento torna obrigatório o contrato, não permitindo o arrependimento.

---

[10] Op. cit. p. 545.

A CLÁUSULA PENAL COMO INSTITUTO DE DIREITO

O art. 418 do CC, por sua vez, dispõe que:

> **"Art. 418. Se a parte que deu as arras não executar o contrato, poderá a outra tê-lo por desfeito, retendo-as; se a inexecução for de quem recebeu as arras, poderá quem as deu haver o contrato por desfeito, e exigir sua devolução mais o equivalente, com atualização monetária segundo índices oficiais regularmente estabelecidos, juros e honorários de advogado".**

Enfim, a partir da leitura deste dispositivo legal é que de fato se verifica que as arras têm papel muito semelhante ao da cláusula penal: elas não só inibem o descumprimento, mas ao mesmo tempo apresentam-se como indenização por perdas e danos pré-fixados para o caso de inadimplemento do contrato, seja por parte de quem deu as arras, que as perde, seja por aquele que as recebeu, que fica obrigado a devolvê-la em dobro.

Há, todavia, diferenças relevantes entre os dois institutos. A primeira delas consiste no fato de que, ao contrário da cláusula penal, as arras são pagas em momento anterior ao eventual inadimplemento da obrigação. A esse respeito, Washington de Barros, citando o italiano Carmelo Scuto, elucida que:

> "... na cláusula penal, prestação alguma se torna necessária para completá-la ou aperfeiçoá-la. Nas arras, ao inverso, existe a entrega de dinheiro ou de coisa fungível, no ato constitutivo da obrigação (a que se atribui o nome de sinal). Por outras palavras, como sublinha SCUTO, enquanto as arras constituem prestação realizada (*quod ad testificationem negotti contracti datur*), a cláusula penal é apenas uma prestação prometida." [11]

Portanto, enquanto as arras consistem em uma prestação que deve ser paga pela parte independentemente de inadimplemento, a cláusula penal não é realmente em prestação, e somente será devida se e quando houver descumprimento da obrigação principal.

A segunda diferença entre os dois institutos diz respeito ao fato de que as arras (quando penitenciais) só poderão ser exigidas pela parte inocente com a extinção total do contrato principal, o que não necessariamente acontece com a cláusula penal, que poderá ser exigível ainda que a obrigação principal

---

[11] Op. cit. pp. 377-378.

permaneça válida e eficaz. É o caso em que a cláusula penal se presta a punir o atraso no cumprimento da prestação.

A terceira e última diferença reside no fato de que o valor das arras não pode ser reduzido pelo juiz, ao passo que o valor da cláusula penal, por força de expressa disposição legal, pode ser reduzido judicialmente. Luiz Antônio, a esse respeito, reconhece que "a cláusula penal exige que, em alguns casos (art. 413), o juiz reduza seu valor. Por outro lado, não há previsão para redução do valor da penalidade representada pelas arras ou sinal". [12]

De todo modo, mesmo sendo institutos com algumas características distintas, a cláusula penal e as arras muito se assemelham quanto à função da garantia das obrigações; além do que as arras podem assumir a roupagem de cláusula penal, seja quando impõem uma penalidade pelo descumprimento da obrigação, seja quando acabam por servir como indenização pré-fixada pelas partes para o caso de inadimplemento do contrato.

1.3. Espécies e funções de cláusula penal

1.3.1. Caracteres

A doutrina, ao tratar das *espécies* de cláusula penal[13] costuma subdividi-la em moratória e compensatória.

Rubens Limongi França, entretanto, admite a classificação tríplice da cláusula penal, na medida em que o instituto se propõe a (i) reforçar o vínculo obrigacional (coercitiva); (ii) pré-fixar perdas e danos para hipótese de descumprimento pelo devedor (compensatória); e (iii) punir o devedor inadimplente (moratória):

> "Ao nosso ver, baseado nos diversos ensinamentos dos diversos autores das variadas orientações expostas e, sobretudo, na realidade da cláusula penal, enquanto entidade dinâmica da vida sócio-jurídica, ponderamos que a sua

[12] FILHO, Castro, et al. **Comentários ao Código Civil Brasileiro**. Arruda Alvim e Thereza Alvim (coord.). V. IV. Rio de Janeiro: Forense, 2006. p. 582.

[13] Alguns autores usam o termo funções ao invés de espécies, outros preferem a terminologia finalidade.

natureza apresenta uma tríplice feição, correspondente às três funções que ordinariamente, e de modo simultâneo, exerce em relação aos atos jurídicos a que é adjecta" [14]

E prossegue:

"Não constitui apenas reforço da obrigação, nem somente pré-avaliação dos danos, nem, ainda que excepcionalmente, tão só uma pena.
Reveste-se conjuntamente destas três feições.
É reforço, porque efetivamente assume o caráter de garantia da obrigação principal.
É pré-avaliação dos danos porque o seu pagamento é compulsório, independentemente de prova do prejuízo da inexecução ou da execução inadequada. E ainda mesmo que não haja prejuízo, o pagamento não deixa de ser devido. E, finalmente, é pena na acepção lata do termo (mas nem por isso menos técnica), porque significa uma punição, infligida àquele que transgride a ordem contratual e, via de conseqüência, a própria ordem jurídica." [15]

À prevalecer a classificação dúplice, é forçoso admitir que, em verdade, apenas a cláusula penal moratória é que apresentaria uma função coercitiva, ou seja, a finalidade coercitiva da multa seria um desdobramento da função punitiva da cláusula penal moratória. Noutras palavras, o simples temor quanto ao pagamento da multa moratória estipulada contratualmente teria o condão de coagir o devedor em potencial ao adimplemento da sua prestação.

Frise-se, contudo, que esta função coercitiva resulta não apenas cláusula penal moratória, mas decorre igualmente da cláusula penal compensatória, dado que o devedor também não deve desejar incorrer em multa dessa espécie.

De qualquer forma, na doutrina nacional predomina a classificação dúplice, é dizer, ou bem a multa é moratória, ou é compensatória.

Antes de avançar sobre as peculiaridades da multa puramente moratória, é oportuno salientar uma divergência existente entre os civilistas tradicionais, que se constata facilmente a partir da leitura de seus respectivos manuais.

Enquanto para Sílvio de Salvo Venosa, Maria Helena Diniz, Arnaldo Rizzardo e Washington Monteiro de Barros, a cláusula penal compensatória,

---

[14] Op. cit. p. 157.
[15] Op. cit. p. 157.

quando estipulada, justifica-se para o caso de inadimplemento total da obrigação ou para o caso de inexecução de uma cláusula especial, para Sílvio Rodrigues e Caio Mário da Silva Pereira, a cláusula penal compensatória somente pode ser estipulada para a hipótese de inadimplemento total da obrigação.

Para ilustrar, vejamos o que afirma Silvio Rodrigues:

> "Pode-se distinguir duas espécies de cláusula penal: a compensatória e a moratória; a primeira referindo-se à hipótese de inexecução completa da obrigação, e a segunda, às hipóteses de descumprimento de alguma cláusula especial ou simplesmente da mora." [16]

Cáio Mário, seguindo a mesma linha de raciocínio de Silvio Rodrigues, faz a seguinte distinção entre as espécies de cláusula penal:

> "As partes, ao estipularem a cláusula penal, podem ter em vista a inexecução completa da obrigação ou apenas reforçar o cumprimento de uma de suas cláusulas, ou então punir a mora do devedor. No primeiro caso (garantir o cumprimento total da obrigação), tem o credor a faculdade de exigir uma ou outra, isto é, a prestação em espécie ou o pagamento da pena. Já a pena convencional moratória, ou a que tenha por finalidade reforçar uma cláusula especial de obrigação, não traduz a mesma alternativa, podendo então ser exigida conjuntamente com o cumprimento da obrigação principal (Código Civil de 2002, arts. 409 e 410)." [17]

Enfim, quando há inadimplemento total da obrigação, a cláusula será sempre compensatória. Mas quando a multa é estipulada para o caso de inexecução de uma cláusula especial do contrato principal, para alguns autores ela é compensatória e, para outros (conforme acima) ela é puramente moratória.

Por ora, não se pretende enfrentar tal controvérsia; mas o problema prático que decorre dessa divergência – qual seria a espécie de multa a ser estabelecida para a hipótese de inexecução de uma cláusula especial – reside na cobrança judicial da multa. Na hipótese do credor pretender executar judicialmente

---

[16] RODRIGUES, Silvio. **Direito Civil: Parte geral das obrigações**. Vol. 2, 22ª ed., atualizada. São Paulo: Saraiva, 1994. p. 89.

[17] Op. cit. p. 150.

apenas uma cláusula especial do contrato, se a multa penal a ela cominada for da espécie compensatória, ele não poderá exigir a prestação e a multa, concomitantemente (art. 410 do CC); mas se a multa penal cominada for da espécie moratória, ao credor será lícito cobrar a prestação e a multa, ao mesmo tempo (art. 411 do CC).

1.3.2. Cláusula penal compensatória

Com relação à cláusula penal compensatória, simples é a sua compreensão: as partes pré-determinam um valor a título de indenização por perdas e danos, no caso de inexecução completa da obrigação principal, ou para o caso de descumprimento de alguma cláusula específica ajustada no contrato principal. Silvio Venosa, de maneira simples e objetiva, explica que:

> "Quando a multa é aposta para o descumprimento total da obrigação, ou de uma de suas cláusulas, é compensatória. Como denota a própria rotulação, sua finalidade é compensar a parte inocente pelos entraves do descumprimento. (...)
> A cláusula penal compensatória constitui prefixação de perdas e danos. Sua maior vantagem reside no fato de que ao credor basta provar o inadimplemento imputável ao devedor, ficando este obrigado ao pagamento da multa estipulada." [18]

Washington de Barros, ao tratar da cláusula penal compensatória, afirma que:

> "(...) ela fixa, ainda, antecipadamente o valor das perdas e danos devido à parte inocente, no caso de inexecução do contrato pelo outro contratante. Constitui, assim, liquidação à *forfait*, cuja utilidade consiste, precisamente, em determinar com antecedência o valor dos prejuízos resultantes do não-cumprimento da avença. Estipulando-a, como diz GIORGI, deixam os contratantes expresso que desejaram, por esse modo, furtar-se aos incômodos da liquidação e da prova, que, muitas vezes, não são simples nem fáceis, requerendo tempo e despesa." [19]

---

[18] Op. cit. pp. 166-167.
[19] Op. cit. p. 377.

Na hipótese de estabelecimento de cláusula penal compensatória, dispõe o art. 410 do CC que:

> **"Art. 410. Quando se estipular a cláusula penal para o caso de total inadimplemento da obrigação, esta se converterá em alternativa a benefício do credor."**

Aqui não se trata de "obrigação alternativa" tal como prevê o CC em seu capítulo sobre as obrigações dessa natureza (arts. 252 e seguintes). Isto porque nos casos de obrigação alternativa, o devedor pode, a seu critério, escolher entre cumprir uma ou outra prestação como forma de adimplir a obrigação principal. A "alternativa" de que trata o dispositivo retro outorga ao credor a possibilidade de escolha entre requerer o cumprimento da prestação propriamente dita ou apenas da cláusula penal. Por isso é que a lei emprega a expressão "a benefício do credor".

Marcelo Benacchio é categórico sobre essa questão:

> "No campo da cláusula penal compensatória é de se frisar que sendo ela estipulada no exclusivo interesse do credor (parte não inadimplente) sua eficácia é unilateral, de forma que, obviamente, não é possível ao devedor escolher entre o cumprimento da obrigação principal ou realizar a prestação, tal cabe ao accipiens e desde que haja inadimplemento absoluto." [20]

Também a esse respeito, Caio Mário argumenta que:

> "O art. 410 do Código Civil de 2002 define uma cláusula penal nitidamente compensatória. Estipulada para o caso de inadimplemento total da obrigação, abre ao credor a opção entre a execução da obrigação e a exigibilidade da pena convencional. Como alternativa que é, sobre os efeitos das obrigações dessa natureza, realizando-se a opção, constitui-se uma concentração da obligatio. Não pode pedir o credor, cumulativamente, a obrigação penal compensatória, pois que a finalidade desta é suprir ao credor o que

---

[20] BENACHIO, Marcelo. "CLÁUSULA PENAL: REVISÃO CRÍTICA À LUZ DO CÓDIGO CIVIL DE 2002", em NANNI, Giovanni Ettore [org.]. **Temas relevantes do Direito Civil contemporâneo: reflexões sobre os cinco anos do Código Civil.** São Paulo: Atlas, 2008.

o inadimplemento lhe retirou. Instituída com a finalidade compensatória, substitui a prestação faltosa." [21]

Nessa mesma linha, e mais uma vez recorrendo a Silvio Venosa:

> "(...) o credor pode pedir o valor da multa ou o cumprimento da obrigação. Escolhida uma via, não pode o credor exigir também a outra. O devedor, pagando a multa, nada mais deve, porque ali já está fixada antecipadamente uma indenização pelo descumprimento da obrigação.
> Se a prestação não tem mais utilidade para o credor, só lhe restará cobrar a multa." [22]

Fica claro, portanto, que a partir do inadimplemento da obrigação, ou de uma determinada cláusula especial do contrato principal, ao credor compete exigir o cumprimento da obrigação ou da cláusula específica ou, alternativamente, sempre a seu critério, exigir o recebimento da multa penal.

Frise-se, por oportuno, que ao credor não é lícito exigir, simultaneamente o cumprimento da obrigação e o valor da cláusula penal moratória. Tal conclusão decorre de interpretação lógica do art. 410 do CC, além do que a cobrança da prestação e da multa implicaria em enriquecimento sem causa do credor.

Mas talvez o mais importante benefício decorrente do estabelecimento da cláusula compensatória reside no fato de que, para a cobrança da multa, o credor está desincumbido de demonstrar e provar efetiva ocorrência de danos e/ou a extensão desses danos, conforme dicção expressa do art. 416, *caput*, do CC, a seguir transcrito:

> **"Art. 416. Para exigir a pena convencional, não é necessário que o credor alegue prejuízo.**
> **Parágrafo único. Ainda que o prejuízo exceda ao previsto na cláusula penal, não pode o credor exigir indenização suplementar se assim não foi convencionado. Se o tiver sido, a pena vale como mínimo da indenização, competindo ao credor provar o prejuízo excedente."**

---

[21] Op. cit. p. 152.
[22] Op. cit. p.167.

Ainda nesse contexto, as partes jamais podem deixar de lado o que dispõe o parágrafo único do mesmo art. 416 do CC, no sentido de que não será exigível indenização que exceda o valor da cláusula penal. A lei, portanto, assegura ao credor o direito de receber o valor da cláusula penal compensatória sem a necessidade de comprovação do dano, e nada além.

Mas se as partes fizerem uma ressalva expressa no contrato principal, no sentido de que poderá ser exigida, de parte a parte, uma indenização suplementar, esta será perfeitamente exigível, cumprindo ao credor, nesta hipótese, comprovar judicialmente os prejuízos sofridos que ultrapassam de fato o valor estipulado na cláusula penal compensatória.

Por fim, frise-se que tendo em vista que a cláusula penal compensatória também expõe o devedor às conseqüências de sua inércia obrigacional, é forçoso concluir que ela também tem finalidade coercitiva, ou seja, tem a função de reforçar o vínculo contratual entre as partes.

1.3.3. Cláusula penal moratória

Com relação à cláusula penal moratória, ela é igualmente de fácil compreensão: trata-se de sanção econômica para a parte que atrasar o cumprimento da prestação, quer dizer, inexecução dentro do prazo que lhe foi dado.

Refere-se à mora contratual, simplesmente. Arnoldo Wald, inclusive exemplificando, define que:

> "A cláusula penal é moratória quando se aplica em virtude de mora do devedor e sem prejuízo da exigência da prestação principal. Por exemplo, num contrato de locação, existe cláusula determinando que o locatário, atrasado no pagamento dos aluguéis, será obrigado a pagar, além do débito, a título de multa, 10% sobre o mesmo." [23]

A cláusula penal moratória, mais do que a compensatória, se presta a reforçar a obrigação, que deverá ser cumprida à risca, é dizer, no prazo e nos termos que dispõe o contrato. Frise-se, pois, que a cláusula penal moratória é exigível ainda que possa ser útil ao credor o adimplemento – e assim o é, geralmente.

---

[23] Op. cit. p. 160.

Maria Helena Diniz, em obra anotada ainda sob a égide do CC 1916, citando vários outros autores, afirma que a cláusula penal moratória é

> "um meio de forçar o cumprimento do avençado, constituindo numa pena que visa punir uma conduta ilícita e assegurar o adimplemento da obrigação, já que constrange psicologicamente o devedor, ao seu pagamento." [24]

Ao contrário do que ocorre com a cláusula penal compensatória, a cláusula penal moratória pode e deve ser exigida concomitantemente à cobrança da obrigação principal. O art. 411 do CC é categórico a esse respeito:

> **"Art. 411. Quando se estipular a cláusula penal para o caso de mora, ou em segurança especial de outra cláusula determinada, terá o credor o arbítrio de exigir a satisfação da pena cominada, juntamente com o desempenho da obrigação principal."**

Revisitando a divergência trazida anteriormente neste trabalho, no sentido de que parte da doutrina civilista tradicional sustenta que a cláusula penal estipulada para o caso de inexecução de uma cláusula especial é moratória e não compensatória, é certamente na redação do próprio art. 411 do CC que está a justificativa para esse entendimento.

O dispositivo legal dá o mesmo tratamento para a cláusula penal estipulada tanto para o caso de mora quanto para a garantia de uma cláusula específica, do que se conclui que, em ambas as situações, a lei estaria tratando da cláusula penal moratória, conforme sustentam Sílvio Rodrigues e Cáio Mário da Silva Pereira.

Christiano Cassetari, a esse respeito, traz uma solução razoável:

> "Entende-se que a cláusula penal fixada para o caso de descumprimento de uma cláusula especial pode ser ora compensatória, ora moratória,

---

[24] DINIZ, Maria Helena. Curso de Direito Civil. **Teoria Geral das Obrigações**. 2º vol. 8ª ed. rev. e atual. São Paulo: Saraiva, 1994. p. 321.

dependendo do seu conteúdo, não podendo ser enquadrada de antemão em uma ou outra modalidade, já que deve ser analisado o caso concreto."[25]

Silvio Venosa argumenta que "a multa atua como efeito intimidativo, para que o devedor não atrase o cumprimento de sua avença. Se o fizer, pagará prestação de forma mais onerosa".[26]

Portanto, com relação à cláusula penal moratória não há se falar em indenização por perdas e danos pré-fixada. Trata-se de pena, de castigo puro e simples. E como desdobramento lógico desta potencial sanção, é certo que o devedor é intimidado a efetuar o pagamento no tempo e forma contratado.

1.4. A finalidade coercitiva da cláusula penal: identidade com as 'astreintes'

Como se viu, a doutrina, ao tratar das funções da cláusula penal, costuma subdividi-la em compensatória e moratória, entendendo que a função coercitiva é inerente à cláusula penal, tenha ela finalidade compensatória ou moratória; portanto, o simples risco de pagamento da multa amedrontaria o devedor a ponto de coagi-lo a adimplir a sua prestação.

Dúplice ou tríplice a sua finalidade, o fato é que a cláusula penal é sem nenhuma dúvida uma das melhores ferramentas que o Direito Civil Brasileiro disponibiliza ao credor e ao devedor para que, contratualmente, possam fazer diminuir ou atenuar um cenário de possível inadimplemento, sempre indesejável para qualquer uma das partes e até mesmo para a sociedade.

A função coercitiva pode, entretanto, ser entendida como um atributo autônomo da cláusula penal. Arnaldo Rizzardo enaltece essa finalidade coercitiva:

> "Não resta dúvida de que são duas as finalidades básicas: compelir ao cumprimento e composição do prejuízo trazido pela mora ou omissão em atender o convencionado.

---

[25] CASSETARI, Christiano. **Multa Contratual – Teoria e prática da cláusula penal**. 2ª ed. revisita e atualizada. São Paulo: Editora Revista dos Tribunais, 2010. p. 83.

[26] Op. cit. p. 167.

A função coercitiva é, realmente, a mais importante, apesar das tendências em salientar o caráter reparatório ou compensatório. Sempre predominou essa finalidade, eis que interessa sobretudo ao credor ver atendido seu crédito, pelo tempo, modo e valor firmados. Possui força intimidativa, induzindo o devedor a satisfazer aquilo a que se comprometeu. Temendo que será obrigado a pagar soma bem superior àquela consignada no contrato, haverá maior empenho e cuidado para o devido cumprimento. Já que praticamente não mais subsistem penas diferentes que as patrimoniais para conseguir o cumprimento, enseja-se construir este recurso mais apropriado com o qual arma-se o credor para impelir a satisfação de seu crédito." [27]

Portanto, ainda que a cláusula penal assuma a faceta de perdas e danos pré-fixados para o caso de inadimplemento, e/ou se apresente apenas como uma sanção pelo atraso no cumprimento da obrigação, certo é sua função ou a finalidade precípua justamente a de estimular, induzir e até mesmo forçar o devedor em potencial a cumprir o contrato principal.

Sílvio Venosa é objetivo sobre o tema:

"Há evidente efeito intimidativo e coercitivo na cláusula penal. O devedor, sabendo que se sujeitará a um maior pagamento, envidará maiores esforços para cumprir suas obrigações. Trata-se, portanto, de um reforço para o cumprimento da obrigação, uma forma de garantia de adimplemento." [28]

Marcelo Benacchio, citando o civilista português António Pinto Monteiro, argumenta que:

"A cláusula penal não se limita à mera função de fixação prévia e convencional do montante da indemnização, antes lhe compete, simultaneamente, uma função de reforço do cumprimento do contrato, de estímulo, de pressão, sobre o devedor e, neste sentido, de moralização, zelando pelo respeito dos compromissos assumidos. Esta função dissuasora da cláusula penal faz com que ela seja vista como *la police du contrat*." [29]

---

[27] Op. cit. pp. 538-539.
[28] Op. cit. p. 170.
[29] Op. cit. p. 390.

A FUNÇÃO COERCITIVA DA CLÁUSULA PENAL E UMA CRÍTICA AO ART. 412 DO CC DE 2002

Do trecho acima, destaque-se a seguinte expressão: "respeito dos compromissos assumidos". Esse respeito nada mais é do que o princípio do *pacta sunt servanda*, segundo o qual o contrato é lei entre as partes. Silvio Venosa alerta que "não tivesse o contrato força obrigatória estaria estabelecido o caos".[30]

As partes sempre buscam o cumprimento da prestação tal como ajustada, é o adimplemento na forma e no prazo que interessa ao credor, e não eventuais perdas e danos que a ele possam equivaler. Nesse contexto é que a cláusula penal passa a assumir – ou pelo menos assim deveria ser – um dos papéis mais importantes no direito dos contratos.

À semelhança do que ocorre no direito processual civil, em que o juiz se vale de uma multa coercitiva para obrigar a parte ao cumprimento de sua ordem, a cláusula penal é o meio de que dispõe o credor para coagir o devedor ao adimplemento.

Ainda no campo do direito processual, com relação ao sistema de coação que leva o devedor a cumprir exatamente aquilo que pretende o credor – no processo, será a parte autora –, Chiovenda já ensinava que o ideal de processos seria dar a quem tem direito, quanto possível, e de forma prática, tudo aquilo e exatamente aquilo que tivesse direito, segundo a obrigação do devedor.[31]

Na lição de Nelson Nery Junior: "O objetivo das astreintes não é obrigar o réu a pagar o valor da multa, mas obrigá-lo a cumprir a obrigação na forma específica. A multa é apenas inibitória. Deve ser alta para que o devedor desista de seu intento de não cumprir a obrigação específica. Vale dizer, o devedor deve sentir ser preferível cumprir a obrigação na forma específica a pagar o alto valor da multa fixada pelo juiz".[32]

Em um primeiro momento, o caráter eminentemente coercitivo da multa pressiona o devedor a atender a determinação judicial, fazendo valer assim a decisão do magistrado; e, num segundo momento, mais do que pressão, a fixação da multa é uma forma real de se alcançar o direito material.

No campo do direito contratual deve funcionar da mesma forma. Ao credor da prestação é preciso dar tudo aquilo e exatamente aquilo que tivesse

---

[30] Op. cit. p. 376.

[31] CHIOVENDA, Giuseppe. *Dell'azione nascente dal contratto preliminare*. Revista di Diritto Comercialle, 1911.

[32] JÚNIOR, Nelson Nery. **Código de Processo Civil Anotado**, São Paulo: Revista dos Tribunais, 1997. p. 673

direito, conforme a obrigação do devedor. E é da cláusula penal essa tarefa. E justamente por essa razão ela deveria ser enaltecida tal como são as 'astreintes', reputadas como um dos instrumentos mais valiosos e funcionais do direito processual.

De qualquer modo, é preciso admitir que a multa cominatória do direito processual é instituto de direito distinto da cláusula penal, mas o caráter coercitivo de ambos, assim entendido como um eficaz meio de compelir o devedor a cumprir a obrigação, é exatamente o mesmo.

Arnaldo Rizzardo enfrenta o assunto, reconhecendo explicitamente este ponto de intersecção entre os dois institutos:

> "Conveniente delinear a distinção entre cláusula penal e 'astreintes', as quais, na verdade, não passam de uma cláusula penal. No entanto, restringem-se a oferecer ao credor um meio de pressão, ou um instrumento para forçar o devedor ao cumprimento de obrigação decorrente de decisão judicial. Ou consideram-se um instrumento de constrição, ou de compulsão. Correspondem a uma coação de natureza econômica, que se agrava na medida em que aumenta o tempo de insatisfação. Penderá a pressão psicológica no devedor que responderá, a cada dia, pela sua mora. Mas nada tem a ver com as perdas e danos, que procuram recompor o dano causado pelo descumprimento." [33]

Apenas como referência, essa matéria (cláusula penal *versus* astreintes) foi muito bem desenvolvida pelo Ministro Sálvio de Figueiredo Teixeira, da 4ª Turma do STJ, no julgamento do Recurso Especial nº 422.966 (23 de setembro de 2003), por ele relatado. O Ministro, no corpo de seu voto, esclarece que:

> "Na linha da jurisprudência desta Corte, não se confunde a cláusula penal, instituto de direito material vinculado a um negócio jurídico, em que há acordo de vontades, com as astreintes, instrumento de direito processual, somente cabíveis na execução, que visa a compelir o devedor ao cumprimento de uma obrigação de fazer ou não fazer e que não correspondem a qualquer indenização por inadimplemento."

---

[33] Op. cit. p. 544.

Enfim, as astreintes e a cláusula penal vivem em ambientes distintos – a primeira no processo, a segunda no mundo do direito contratual –, de modo que não há como ir além da mera identidade entre as ambas no que diz respeito à sua essência coercitiva, que jamais há de ser ignorada ou descartada como importante método de indução ao adimplemento.

1.5. Efeitos da cláusula penal

A cláusula penal, como já se disse anteriormente, é exigível independentemente da comprovação de danos que o credor tenha sofrido, os quais em tese legitimariam esta multa ora compensatória, ora punitiva. Maria Helena Diniz afirma que:

> "o efeito primordial da cláusula penal é o de sua exigibilidade *pleno iure*, no sentido de que independerá de qualquer alegação de prejuízo por parte do credor (CC, art. 927), que não terá que provar que foi prejudicado pela inexecução culposa da obrigação ou pela mora." [34]

Isso significa que o credor poderá receber o valor estipulado a título de cláusula penal ainda que não tenha sofrido dano algum, ainda que a cláusula penal estipulada tenha a finalidade compensatória.

Outra situação em que a multa é exigível independentemente de qualquer dano ocorre, por exemplo, quando a parte atrasa apenas um dia o pagamento de uma prestação de cem mil reais que estiver sujeita a uma multa penal moratória de 10%. O credor pode não ter experimentado dano algum, mas receberá dez mil reais.

A esse respeito não destoa Cáio Mário:

> "Nem é jurídico olvidar que, independentemente da comprovação do prejuízo causado, os interessados avençaram a penalidade como reforçamento do laço obrigacional. Mesmo que o devedor produza prova incontroversa da ausência de prejuízo em razão do inadimplemento, mesmo assim a penal é devida, pois que a dispensa de demonstrá-lo se erige em *praesumptio iuris et*

---

[34] Op. cit. p. 327.

iurie, de que a inexecução é em si mesma danosa sempre, o que afasta inteiramente a oportunidade de toda prova contrária. Se não merecer a consideração de prefixar perdas e danos, em razão de não haver prejuízo, não pode faltar com a finalidade assecuratória do adimplemento" [35]

Portanto, a mera finalidade coercitiva, por si só, justifica a estipulação da cláusula penal; e, via de conseqüência, a sua cobrança.

E nem se alegue eventual locupletamento sem causa do credor, na medida em que no momento do ajuste as partes já presumem o dano, e concordam expressamente com a pena imposta. Mas a cláusula penal não será exigível se o devedor estiver inadimplente, conforme dicção expressa do art. 408 do CC.

Isso quer dizer que ao credor compete, sempre, fazer prova expressa da mora, seja ela *ex re*, isto é, a mora de pleno direito (decorrente da simples inadimplência na data do vencimento), ou mora *ex persona*, assim entendida aquela que se opera mediante interpelação judicial ou extrajudicial.

Frise-se, pois, que o CC não faz qualquer distinção ou exigência com relação à formalização da mora do devedor. Novamente recorrendo à Maria Helena Diniz, vejamos o que ela diz sobre a constituição em mora como requisito para a exigibilidade da cláusula penal:

"Sendo moratória, quanto à sua exigibilidade convém verificar: a) se há prazo convencionado para seu adimplemento, pois se houver o simples vencimento do termo, sem cumprimento da prestação devida, induz o devedor, *pleno iure*, à mora (*ex re*); logo a pena convencional poderá ser exigida desde logo (...); b) se não há prazo certo de vencimento, o credor terá que constituir o devedor em mora, mediante interpelação, notificação ou protesto (...), cientificando o devedor de que não abrirá mão de seus direitos (mora *ex persona*), sujeitando-o aos efeitos da cláusula penal, que se tornará, então, devida e exigível." [36]

Quanto ao efeito da cláusula penal nos casos em que há dois ou mais devedores, em sendo a obrigação indivisível, todos eles incorrem na pena. É o que dispõe, literalmente, o art. 414 do CC:

---

[35] Op. cit. p. 157.
[36] Op. cit. p. 325.

> **"Art. 414. Sendo indivisível a obrigação, todos os devedores, caindo em falta um deles, incorrerão na pena; mas esta só se poderá demandar integralmente do culpado, respondendo cada um dos outros somente pela sua quota.**
>
> **Parágrafo único. Aos não culpados fica reservada a ação regressiva contra aquele que deu causa à aplicação da pena."**

Entretanto, como se vê na letra do dispositivo retro transcrito, quando houver pluralidade de devedores ante uma obrigação indivisível, basta que um deles desobedeça-a para que o credor possa exigir a cláusula penal: mas só do culpado é que se pode exigir a pena por inteiro – dos devedores inocentes só se pode requerer sua quota respectiva. E a este é assegurado o regresso, a teor do parágrafo único do mesmo dispositivo.

Na seqüência, o art. 415 do CC prescreve que quando a obrigação for divisível, incide na cláusula penal apenas devedor (ou herdeiro) culpado, e sempre proporcionalmente à sua quota na obrigação:

> **"Art. 415. Quando a obrigação for divisível, só incorre na pena o devedor ou o herdeiro do devedor que a infringir, e proporcionalmente à sua parte na obrigação."**

Trata-se, pois, de mera relação simétrica com o artigo anterior.

Ainda sobre os efeitos da cláusula penal, é de rigor mencionar que ela pode ser estipulada em favor de terceiros. Rubens Limongi França, autor que se aprofundou sobre o tema, estampa longo conceito sobre cláusula penal, não se esquecendo que ela pode ser cumprida pelo devedor ou por terceiro:

> "A cláusula penal é um pacto acessório ao contrato ou a outro ato jurídico, efetuado na mesma declaração ou declaração à parte, por meio do qual se estipula uma pena, em dinheiro ou outra utilidade, a ser cumprida pelo devedor ou por terceiro, cuja finalidade precípua é garantir, alternativa ou cumulativamente, conforme o caso, em benefício do credor ou de outrem, o fiel cumprimento da obrigação principal, bem assim, ordinariamente, constituir-se na pré-avaliação das perdas e danos e em punição do devedor inadimplente." [37]

---

[37] Op. cit. p. 7.

Silvio Venosa sustenta que a cláusula penal pode ser revertida em benefício de terceiro, o que é bastante lógico. Exemplifica sugerindo que na hipótese de descumprimento da obrigação, o devedor poderá pagar a multa penal em benefício de uma instituição de caridade. E sublinha que neste caso a instituição de caridade estaria inclusive legitimada para a cobrança respectiva.

Mas ao tratar da hipótese em que a cláusula obrigaria um terceiro, o autor entende que, à falta de disposição expressa sobre a questão, o terceiro este seria apenas um garantidor da obrigação, do modo que não seria o caso de cláusula penal típica, conforme trecho a seguir, em que cita Guilhermo A. Borda (autor argentino, autor da obra *Manual de Contratos*):

> "Questão interessante é lembrada por Guilhermo A. Borda (s.d.:130), calcada em disposição do código argentino. O normal é que a cláusula penal seja imposta ao devedor da obrigação. Nada obsta, no entanto, em se tratando de direito dispositivo entre as partes, que um terceiro assuma a responsabilidade pela multa. Recorda esse autor que importância grande terá a disposição quando o credor não puder exigir do devedor, judicialmente, o cumprimento da obrigação, por se tratar, por exemplo, de uma obrigação natural. A multa poderá ser exigida de terceiro. No entanto, em nosso sistema, à falta de disposição expressa, no caso, teremos uma obrigação de garantia, ficando descaracterizada a cláusula penal típica." [38]

Por fim, ainda sobre os efeitos da cláusula penal, resta a questão relacionada à possibilidade de sua renúncia.

Poucos civilistas tratam desse assunto na medida em que, em princípio, a sua resposta é obvia: diante do caráter privado da matéria, se as partes podem, à sua vontade e critério, estipular a cláusula penal, pode o credor, sem dúvida alguma, abrir mão dela.

Noutras palavras, do mesmo modo que é facultado ao credor cobrá-la, ele pode simplesmente renunciar a este direito.

O debate surge quando se está diante de possível renúncia tácita da cláusula penal, assim entendida uma conduta ou atitude de credor que se assemelha à renúncia. Exemplo disso é o recebimento tardio de uma prestação sem a ressalva de que a multa será oportunamente cobrada.

---

[38] Op. cit. pp. 175-176.

Caio Mário pondera que estando o assunto ao abrigo do direito privado, sobre a renúncia da cláusula penal é perfeitamente possível:

> "É de toda evidência, e decorre mesmo do caráter privado da matéria, que o credor nunca poderá ser compelido a pleiteá-la, e, menos ainda, a recebê-la, pela mesma razão que lhe era lícito contratar sem estipulá-la. A renúncia expressa não oferece qualquer flanco a debate, pois que o credor, a quem a lei enseja o poder de reclamá-la, tem o direito de abrir mão dela." [39]

A esse respeito, admite-se que se as partes estipulam formalmente a cláusula penal, da mesma maneira deve ser levada a efeito eventual renúncia da pena pelo credor, sob pena de se instalar uma insegurança jurídica indesejável em qualquer relação contratual.

A renúncia é instituto de direito que deve ser interpretado de maneira estrita e objetiva. Portanto, a cláusula penal produzirá seus regulares efeitos, até que o devedor expressamente venha a desistir de sua cobrança, ou caso ela seja extinta por outra razão, como, por exemplo, a nulidade da obrigação principal.

1.6. A limitação da cláusula penal: art. 412 do CC

Assunto de fulgente relevância para o instituto objeto desta crítica é a limitação que o legislador impôs ao *quantum* da cláusula penal, conforme disposição estampada no art. 412 do CC:

> **"Art. 412. O valor da cominação imposta na cláusula penal não pode exceder o da obrigação principal."**

Antes das considerações que virão, abram-se parêntesis apenas para mencionar uma disposição específica do CC a respeito do limite da multa moratória cominada para caso de atraso no pagamento de contribuição condominial: a teor do art. 1.336, ela não pode ultrapassar o 2% (dois por cento) sobre o valor do débito.

---

[39] Op. cit. p. 164.

A limitação do valor da cláusula penal é tema que incomoda alguns civilistas. Ela macula de maneira indesejada a autonomia da vontade. Não deveria o legislador interferir previamente na relação negocial a ser entabulada entre as partes – o controle seria mais eficaz se efetuado se e quando houver descumprimento.

Silvio Rodrigues, que sustenta que em razão de sua origem histórica, a função mais importante da cláusula penal é a de servir como cálculo predeterminado de perdas e danos, se coloca da seguinte forma em relação ao art. 412 do CC:

> "Como o intuito da cláusula penal é indenizar os danos resultantes do inadimplemento; como a indenização não deve ultrapassar o montante do prejuízo, como, em tese, o prejuízo não excede o montante da prestação sonegada, o preceito se inspira em preocupação justa."
> Com efeito, sem a restrição do art. 920, poderia o credor, que na maioria dos casos dita a lei do contrato, impor ao devedor pesada multa, criando um elemento compulsivo que, por excessivo, é decerto injusto. Aliás, como se trata de pena compensatória, ela não deve ser superior ao prejuízo, pois em regra, as normas de direito privado procuram apenas restabelecer o equilíbrio entre as partes e não punir qualquer delas." [40]

Nada obstante às considerações do autor, as premissas estabelecidas para justificar a limitação imposta à cláusula penal, ("o prejuízo não excede o montante da prestação" e "as normas de direito privado procuram apenas restabelecer o equilíbrio entre as partes e não punir qualquer delas") não se aplicam em diversas relações contratuais.

Em primeiro lugar, é perfeitamente possível que o prejuízo decorrente do descumprimento de um contrato ultrapasse o valor total do contrato.

Exemplo disso poderia ser a contratação de um atleta mundialmente reconhecido para um time de futebol. Há todo um planejamento para os campeonatos ao longo do ano com a presença desse atleta, inclusive com a contratação de outros profissionais. Se este atleta decide abandonar o time,

---

[40] Op. cit. p. 92.

é bem provável que os prejuízos enfrentados pelo clube ultrapassem o valor do contrato celebrado com este atleta.

Para impedir essa situação, a Lei 9.615 de 24 de março de 2008, conhecida como "Lei Pelé", dispõe em seu art. 28, parágrafo 3º, que o valor da cláusula penal é de livre negociação entre as partes e autoriza a estipulação de multa no contrato de trabalho em valor de até 100 vezes o valor da remuneração anual ajustada.[41] Percebe-se que o legislador permite a fixação de pena muito elevada para garantir que o atleta não abandone o clube sem uma justa compensação pelos investimentos e gastos realizados.

Outro exemplo é a compra e venda futura de *commodities*. Muitas vezes o adquirente de safra futura exporta o produto para um comprador internacional, prometendo, a este último, a entrega futura de uma determinada quantia de mercadoria. Os prejuízos que decorrem do inadimplemento do vendedor original abarcam não só o contrato de compra e venda de safra futura, mas também o contrato de exportação, que ficará prejudicado, causando enormes prejuízos ao adquirente de safra futura. Nesta hipótese, entretanto, as partes estão adstritas ao teto estabelecido no art. 412 do CC.

Também nos contratos de transporte de carga perigosa, é possível que os danos decorrentes da execução inadequada da obrigação causem prejuízos além do valor do contrato. Basta que o transportador cause um acidente durante o transporte: ele perderá a carga, causará danos a terceiros e quiçá ao próprio meio ambiente, prejuízos estes que podem ser muito maiores que o valor do frete.

Portanto, a premissa de que o valor dos prejuízos que o inadimplemento contratual pode causar não supera o valor global do contrato nem sempre é verdadeira – até porque em contratos de longa duração, estes prejuízos, muitas vezes, não envolvem apenas danos emergentes, mas também investimentos específicos, lucros cessantes e até mesmo danos extrapatrimoniais.

---

[41] "Art. 28. A atividade do atleta profissional, de todas as modalidades desportivas, é caracterizada por remuneração pactuada em contrato formal de trabalho firmado com entidade de prática desportiva, pessoa jurídica de direito privado, que deverá conter, obrigatoriamente, cláusula penal para as hipóteses de descumprimento, rompimento ou rescisão unilateral. (...)
§ 3º O valor da cláusula penal a que se refere o *caput* deste artigo será livremente estabelecido pelos contratantes até o limite máximo de cem vezes o montante da remuneração anual pactuada."

A CLÁUSULA PENAL COMO INSTITUTO DE DIREITO

É igualmente perigosa a premissa de que a cláusula penal deve apenas restabelecer o equilíbrio entre as partes, visto que, conforme já explorado anteriormente, a função coercitiva da cláusula penal é preponderante para reforçar e garantir o cumprimento da obrigação principal, de modo que deve ser estipulada em valor que de fato possa coagir o devedor em potencial.

Arnaldo Rizzardo, ao tratar desse dispositivo, firma a seguinte premissa para justificar a limitação imposta pela lei: "Realmente, sendo acessória, não pode exceder em rigor a obrigação principal, da qual depende, e para cujo cumprimento é estipulada". [42]

Ocorre que a mera relação de dependência, bem como o fato de que a cláusula penal é um pacto secundário ou acessório da obrigação principal não basta para justificar o limite imposto pela lei.

Ora, há casos em que reforçar o cumprimento da obrigação principal é tão importante, que a possibilidade de se estipular uma cláusula penal equivalente a uma vez e meia o valor da obrigação principal pode servir como forma de coagir o devedor ao cumprimento, já que apenas a prestação interessa ao credor, e não o seu equivalente em dinheiro.

E mais uma vez, dado que existem relações contratuais em que os possíveis danos podem superar o valor da prestação, é que deveria ser lícita a estipulação de indenização pré-fixada que assegurasse a reparação de todo o prejuízo sofrido pelo credor.

Enfim, salta aos olhos que a limitação legal pode, ao contrário de proteger as partes, macular o princípio da autonomia da vontade de que se elas deveriam se investir, plenamente, ao estabelecer o valor da cláusula penal. O próprio autor do CC 1916, Clovis Beviláqua, era contra o art. 920 (atual 412 do CC), sustentando que: "O limite imposto à pena por este artigo não se justifica. Nasceu da prevenção contra a usura, e é uma restrição à liberdade das convenções, que mais perturba do que tutela os legítimos interesses individuais" [43]

---

[42] Op. cit. p. 552.
[43] BEVILÁQUA, Clóvis. **Código Civil dos Estados Unidos do Brasil**. Rio de Janeiro: Editora Estácio de Sá, 1932. p. 57.

Sobre o art. 412 do CC, Washington Monteiro de Barros, apoiado também em Clóvis Beviláqua, bem como em Múcio Cocentino e outros civilistas estrangeiros, traz o seguinte comentário:

> "A disposição desse artigo tem sido bastante censurada. Acoimam-na de tutelar exageradamente o interessa particular.
> Cumpre, todavia, vislumbrar no preceito, antes de tudo, legítima limitação aos pendores individualistas, que só tem olhos para os próprios interesses, sem a menor consideração pela outra parte, a cuja fragilidade se mostra impermeável e surda. Nosso direito positivo, em tal matéria, segue perto da moderna tendência social do direito. Semelhante assistência, como adverte RIPERT, não é piedade, mas justiça. Aquele que se mostra fraco, ainda que por culpa própria, tem o direito de ser protegido.
> Filiou-se, assim, o Código aos sistemas jurídicos que limitam a extensão da cláusula penal. Colocou-se, portanto, em antagonismo ao legislador gaulês, que optou pela liberdade sem controle, sendo lícito às partes fixá-la com maior amplitude, ainda que a taxa respectiva seja verdadeiramente *in torrorem*. A legislação alemã, por sua vez, em tal assunto, apresenta singularidade, que mereceu censura de POLACCO. Ela distingue a matéria civil da comercial; naquela há limite, nesta não. Nosso Código Civil de 2002, porém, repita-se, num dispositivo prudente e que se aplica tanto às obrigações civis como às mercantis, põe freio ao individualismo das partes: o valor da multa não pode exceder o da obrigação principal." [44]

Denota-se, das considerações de Washington de Barros, que há ordenamentos jurídicos outros em que não há limitação para a estipulação da pena, prevalecendo a liberdade plena das partes para estabelecer o *quantum* da cláusula penal a seu livre critério e interesse.

Mas sob o prisma da função social do direito, calcada na busca da justiça, ele sustenta que o direito deve proteger a parte mais fraca na relação contratual, de modo que estaria justificada a limitação positivada em nosso ordenamento. Está colocado o cabresto nos "individualistas", para usar a mesma expressão utilizada pelo autor. Juliano Lago faz a seguinte consideração a esse respeito:

---

[44] Op. cit. pp. 385-386.

A CLÁUSULA PENAL COMO INSTITUTO DE DIREITO

"Por outro lado, parece que a restrição do art. 920, na verdade, acompanha a tendência legislativa de proteção pelo Estado dos particulares em suas relações jurídicas, com normas de ordem pública hábeis a mitigar as diferenças entre os indivíduos, buscando colocar seus interesses em equilíbrio. Exemplos dessa intervenção são a Lei da Usura (Decreto nº 22.626/33), que, em pleno Estado Novo, veio proibir a cobrança de juros acima do que suas normas dispunham, e, primordialmente, o Código de Defesa do Consumidor (Lei nº 8.078/90), o qual impõe normas que, elevadas à ordem pública, derroga a liberdade contratual nas relações de consumo, com vistas à proteção dos interesses privados da figura definida na Lei como consumidor." [45]

Ninguém duvida que o Estado deve intervir nas relações jurídicas como maneira de proteger a parte mais vulnerável, mas porque fazê-lo na lei geral, assim reputado o CC, ao invés de deixar para a lei especial o rigor e a especificidade que deve nortear e determinar relações entre particulares, conforme realmente mereçam proteção?

O CC se aplica, em regra, a contratos paritários, nos quais muitas vezes não há uma parte que precisa ou que merece ser protegida. E o que se verifica pela exegese do art. 412 é que o Estado intervém previamente na relação jurídica paritária para limitar a liberdade contratual desnecessariamente.

Essa intervenção não se justifica, principalmente, porque a redução judicial da multa, *a posteriori* e quando as partes subvertem o instituto, é perfeitamente possível, conforme se verá mais detalhadamente adiante.

Respeita-se a posição dos autores civilistas que enxergam o caráter de eqüidade e justiça social existente na regra, a qual, em tese, evitaria que o devedor seja compelido a pagar altos valores, importando em enriquecimento sem causa do credor. Mas a possibilidade de redução judicial da multa existe justamente para isso, devendo o controle ser feito em momento oportuno e conforme o caso, e não previamente, tal como disposto no dispositivo em comento.

Por fim, tendo em vista que o art. 412 é regra cogente, inafastável é a sua aplicação pelas partes.

---

[45] LAGO, Juliano. **A cláusula penal.** Jus Navigandi, Teresina, ano 7, n. 58, 1 ago. 2002. Disponível em: <http://jus.uol.com.br/revista/texto/3121>. Acesso em: 8 jan. 2011

Clóvis Beviláqua já dizia que o art. 920 (atual 412 do CC) é norma de ordem pública, entendimento este endossado pela doutrina civilista moderna. Caio Mário da Silva Pereira menciona expressamente que "tal como redigido, o artigo contém disposição de ordem pública, estatuindo a variação da pena em qualquer cifra, desde que não ultrapasse o valor da obrigação a que excede".[46]

Portanto, as partes estão proibidas, expressamente, e em qualquer circunstância, de estipular cláusula penal que avance a limitação legal.

Por fim, imperioso questionar se a limitação legal aplica-se tanto à cláusula penal compensatória quanto á cláusula moratória. O art. 412 do CC não faz essa distinção. Sobre esse assunto, Christiano Cassetari pondera:

> "No entanto, quanto à norma genérica do art. 412 do CC/2002, que servirá como limite para a fixação da cláusula penal quando não houver lei especial, há um problema, já que ela não menciona se será aplicada a cláusula penal compensatória ou moratória.
> Como é notório, a cláusula penal moratória é cumulativa, já que será exigida conjuntamente com a obrigação principal. A cláusula penal compensatória é satisfativa, já que substituirá a obrigação principal. Em razão disso, como a cláusula penal compensatória substitui a obrigação principal, é justificável que ela seja convencionada até o limite do seu montante. Entretanto, no caso de cláusula penal moratória, alguns doutrinadores citam ser uma injustiça cobrar o valor da obrigação principal para o atraso de apenas um dia, por exemplo, no cumprimento da obrigação".[47]

Não há consenso na doutrina. As normas restritivas de direito devem ser interpretadas restritivamente[48], mas no caso, dada a generalidade do dispositivo, nem mesmo essa interpretação é possível. Logo, se não há vedação da lei quanto a aplicação do teto a uma ou outra espécie de cláusula penal, melhor é entender que a regra aplica-se a ambas.

---

[46] Op. cit. p. 159.
[47] Op. cit. pp. 80-81.
[48] MAXIMILIANO, Carlos. **Hermenêutica e Aplicação do Direito**. Rio de Janeiro: Forense, 2004. p. 255

2.7. A revisão judicial (redução) da cláusula penal

O art. 413 do CC, muito bem colocado imediatamente após o dispositivo que limita o valor da cláusula penal, impõe ao juiz de direito o dever de reduzir a pena em duas situações: caso parte da obrigação já estiver sido cumprida pelo devedor, ou, caso as partes tenham fixado o valor da pena em montante manifestamente excessivo, observada a natureza e o propósito do contrato celebrado. Dispõe o referido dispositivo:

> **"Art. 413. A penalidade deve ser reduzida eqüitativamente pelo juiz se a obrigação principal tiver sido cumprida em parte, ou se o montante da penalidade for manifestamente excessivo, tendo-se em vista a natureza e a finalidade do negócio."**

Sobre a redução judicial da multa, o CC 1916, ao invés de usar a expressão "a penalidade deve ser reduzida", dizia, em seu respectivo art. 924, que "quando se cumprir em parte a obrigação, poderá o juiz reduzir proporcionalmente a pena estipulada para o caso de mora, ou de inadimplemento".

Assim, a primeira questão que surge a partir do conteúdo do art. 413 diz respeito à posição do juiz frente ao texto da lei, isto é, o dispositivo atribui ao juiz da causa uma faculdade (regra dispositiva) ou, à luz do caso concreto, impõe um dever (regra cogente)?

Na vigência do código precedente, em que a redução estava restrita ao caso de cumprimento parcial da obrigação, a questão já era bastante controvertida, não só na doutrina, mas especialmente na jurisprudência. Era muito comum que as partes incluíssem cláusulas contratuais em que renunciavam ao direito à redução proporcional da multa convencionada.

Havia decisões para os dois lados, ora no sentido de que a redução era uma mera faculdade do juiz e, portanto, norma dispositiva[49], ora no sentido de que o comando era norma de ordem pública. [50]

Hamid Charaf Bdine Jr. comenta o artigo em questão:

> "Diversamente do que estabelecia o art. 924 do Código Civil revogado, o dispositivo é incisivo: o juiz tem o dever, não a possibilidade de reduzir, ao contrário do que constava do diploma legal revogado. A norma é de ordem pública, não admitindo que as partes afastem sua incidência, dispondo que a multa é irredutível" [51]

Maria Helena Diniz, ainda doutrinando sob a égide do código pretérito, já entendia que o art. 924 era norma cogente (ordem pública):

> "(...) embora em nosso direito prevaleça o princípio da imutabilidade da cláusula penal por importar pré-avaliação das perdas e danos, esta poderá ser modificada pelo magistrado, ainda que não haja pedido a respeito, ou mesmo que os contratantes tenham estipulado seu pagamento por inteiro (*RT, 453:141*), pois a norma do Código Civil, art. 924, é de *jus cogens*, não podendo ser alterada pelas partes (*RT, 420:220, 489:70*)." [52]

---

[49] LOCAÇÃO – Multa contratual – Hipótese em que não deve ser reduzida – Imóvel desocupado pelo inquilino antes do término ajustado – Apelação improvida. A faculdade atribuída ao juiz pelo art. 924 do CC pode ser derrogada por convenção das partes e cobrada pela via executória. (Ap. 105.360 – 2º TACSP – j. 8.9.80 – rel. Carvalho Pinto – RT 545/146)
LEI DA USURA – Inaplicabilidade – Cláusula contratual que exclui a redação da multa referida no art. 924 do CC, é de ser obedecida – A faculdade de reduzir a multa não é norma de ordem pública e podem as partes contratar diversamente. (Ap. 82.676 – 3ª Cam. Civ. 1º TARJ – j. 8.9.77 – rel. Miranda Rosa – RJ – ATARJ 17/150
[50] MULTA CONTRATUAL – Redução pelo juiz – aplicação do art. 924 do Código Civil. A faculdade do juiz de reduzir a multa contratual é de ordem pública. (Ap. 140.711 – TJSP – j. 20.2.76 – rel. Macedo Bittencourt – RT 489/60)
LOCAÇÃO RESIDENCIAL – matéria de ordem pública – Observância obrigatória do disposto no art. 924 do CC. A disposição do art. 924 do CC é aplicável a contratos de qualquer natureza. Nos contratos de locação, por ser matéria de ordem pública, será inválida a cláusula que excluir sua aplicação. (Ap. 15.658 – 1º TACRJ – j. 3.8.78 – rel Geraldo Guerreiro – RJ--ATARJ 20/196)
[51] PELUSO, Cezar. **Código Civil Comentado**. Cezar Peluso. (coord.). Barueri: Manole, 2007. p. 305.
[52] Op. cit. p. 324.

Mas diante do texto expresso do CC, esta celeuma está encerrada. Silvio Venosa, a esse respeito:

> "Notemos que a nova lei usa o verbo dever. Nesse caso, a redução da multa passa a ser definitivamente um dever do juiz, e não mais uma faculdade. Cabe ao juiz também, no caso concreto, reduzir a multa se esta for manifestamente excessiva, levando-se em conta a natureza e a finalidade do negócio. O campo é o da equidade. O princípio se coaduna com o sentido social do contrato que o novo Código atribui, bem como com a boa-fé objetiva." [53]

Arnaldo Rizzardo entende da mesma maneira e, na sua obra *Direito das Obrigações*, cita o mesmo trecho supra transcrito para justificar a sua posição.

Caio Mário da Silva Pereira, por sua vez, atribui um caráter híbrido ao art. 413, entendendo que ele é norma dispositiva ao tratar da redução para os casos em que parte da obrigação já tiver sido cumprida pelo devedor, e norma cogente para os casos em que ela é fixada em montante exorbitante pelas partes, nas circunstâncias referidas pelo dispositivo. Confira-se:

> "Sendo, no Código, instituído o princípio com caráter provado, é suscetível de derrogação pelas partes, que têm, portanto, a liberdade de ajustar o limite da redutibilidade, ou ainda a própria irredutibilidade, tanto mais que a finalidade coagente da pena convencional poderia frustrar-se com a perspectiva de sua diminuição, e o ajuste contrário a esta restitui-lhe todo o prestígio. Mas, se ficar instituída a redução por onerosidade excessiva, caberá ao juiz o poder de decretá-la, ainda contra a estipulação em contrato, desde que configure o requisito e o interessado o requeira." [54]

Em que pese o entendimento de Caio Mário, se a intenção é obedecer aos princípios da proporcionalidade, da vedação ao enriquecimento sem causa, e da função social do contrato, que sem dúvida alguma norteiam a redução legal, não faz sentido a distinção trazida pelo autor.

Deve prevalecer, portanto, o entendimento no sentido de que, ocorrendo no caso concreto qualquer uma das duas hipóteses previstas no artigo 413 do

---

[53] Op. cit. p. 173.
[54] Op. cit. p. 161.

CC, a revisão e a conseqüente redução da cláusula penal, conforme o caso é medida de rigor, posto que matéria de ordem pública e, justamente por essa razão passível de apreciação pelo juiz de direito *ex officio*.

Para arrematar, o enunciado 355 da IV Jornada de Direito Civil (2006), promovida pelo Centro de Estudos Judiciários do Conselho da Justiça Federal, dispõe que "não podem as partes renunciar à possibilidade de redução da cláusula penal se ocorrer qualquer das hipóteses previstas no art. 413 do CC, por se tratar de preceito de ordem pública." [55]

Frise-se, para que não se olvide, que não só para os casos de cumprimento parcial da obrigação é que a cláusula penal poderá ser equitativamente reduzida pelo juiz – também haverá redução para a hipótese em que for fixada em valor manifestamente exorbitante em relação à natureza do contrato celebrado.

Essa possibilidade de intervenção judicial tem sua razão de ser na função social do direito, que permeia o texto do CC. E é plenamente justificável, ao contrário da regra insculpida no art. 412 da lei civil.

Ao que mais nos interessa, diante da novidade da redução judicial da multa convencional quando o valor estipulado for manifestamente excessivo, seria absolutamente possível sustentar que as partes poderiam estipular a cláusula penal em valor superior ao da obrigação principal, o que nesta crítica se admite para os contratos paritários, ou seja, para aqueles em que há paridade entre os contratantes e não há uma parte vulnerável a ser protegida.

Noutras palavras, a segunda parte do art. 413 do CC tratada como norma de ordem pública, permite, perfeitamente, que o antecedente art. 412 seja visto como norma dispositiva – de forma a permitir às partes, portanto, a fixação de multa penal em valor superior ao da obrigação principal, desde que a relação contratual seja equilibrada.

Convém frisar que o emprego dos termos *"manifestamente excessivo"* e *"natureza e a finalidade do negócio"* pelo legislador no art. 413 autoriza redução oportuna da cláusula penal de acordo com o negócio celebrado, isto é de conforme o caso concreto. Trata-se de controle a *posteriori* e, portanto, mais criterioso.

---

[55] TEPEDINO, Gustavo; BARBOZA, Heloísa Helena e MORAES, Maria Celina Bobin de. **Código Civil interpretado conforme a Constituição da República**. 2ª ed., Rio de Janeiro: Renovar, 2007. p. 759.

Por essa razão que seria descartável do indesejado limite encartado no art. 412 do CC, visto como um controle preventivo e limitador da liberdade contratual. É o que se verá mais adiante, após uma análise dessa limitação à vista dos aspectos econômicos do contrato.

Por fim, vale esclarecer que o art. 413 do CC aplica-se precipuamente às cláusulas penais da espécie compensatória, sobretudo com relação à primeira parte do dispositivo, que trata da redução equitativa para o caso de adimplemento apenas parcial da prestação; mas nada impede a redução judicial da cláusula moratória, quando fixada em patamar exorbitante a ponto de ultrapassar as raias da pena pelo atraso e se transformar punição infundada. A esse respeito, Gustavo Tepedino esclarece:

> "Torna-se imprescindível frisar que, a despeito da dicção legislativa do dispositivo sob exame prender-se, notadamente, à cláusula penal compensatória, nada obsta que seus preceitos sejam aplicados também à cláusula penal moratória (Washington de Barros, Curso, p. 349). Incontestável que, quanto à cláusula penal moratória, a possibilidade de redução judicial apresenta-se mais distante, uma vez que esta foi estipulada justamente para prevenir e castigar a impontualidade. Entretanto, nenhum óbice surge à redução da cláusula penal moratória quando esta for manifestamente excessiva, traduzindo-se em indevido castigo ao devedor (STJ, 4ª T., REsp 265.092, Rel. Min. Aldir Passarinho Júnior, julg. 07.03.2002, publ. DJ 15.04.2002; STJ, 4ª T., REsp. 1.642, Rel. Min. Sálvio de Figueiredo Teixeira, julg. 13.02.1990, publ. DJ 16.08.1999)." [56]

É importante ainda salientar que a fixação da cláusula penal em montante superior ao da limitação legal não desnatura o instituto, é dizer, não implica em sua nulidade ou anulabilidade de pleno direito. Nessa hipótese o juiz tem o dever de reduzi-lo, observando como teto o valor da obrigação principal.

Nesse sentido, Rubens França Limongi afirma: "Também, por isso mesmo, não é, se desatendida *[a regra do art. 412 do CC]*, causa de nulidade, por isso que a conseqüência do descumprimento do referido preceito se vê tão somente na redução do acesso por parte do magistrado." [57]

---

[56] Op. cit. p. 760.
[57] Op. cit. p. 180.

Por fim, é possível concluir que, diante do fato de que o juiz está autorizado a reduzir a pena fixada em valor manifestamente excessivo, a limitação legal estabelecida no artigo antecedente torna-se inócua, sobretudo porque o controle efetuado posteriormente será mais criterioso e não fere o princípio da autonomia da vontade.

1.8. Conclusões parciais (Capítulo 1)

A cláusula penal é um pacto secundário e diretamente relacionado à obrigação principal, pelo qual as partes estabelecem, no contrato ou por meio de aditivo, uma pena para a hipótese de o devedor atrasar ou descumprir, ainda que em parte, a prestação a qual se obrigou pelo contrato principal. Ela deve ser estipulada sempre em momento anterior ao inadimplemento.

Além disso, é possível a instituição de uma cláusula penal em bens, em uma prestação subjacente e/ou em obrigação de abstenção, tendo em vista que a lei não dispõe em sentido contrário.

Existem algumas semelhanças entre as arras e a cláusula penal, embora sejam institutos de direito distintos. As arras, tal como a pena convencional, induzem a parte ao cumprimento do contrato e tem o condão de liquidar previamente as perdas e danos para o caso de inadimplemento do contrato. A principal diferença entre os dois institutos reside no fato de que as arras são uma prestação, isto é, sempre são devidas, ao contrário da cláusula penal, que só produzirá efeitos no caso de descumprimento do contrato. De todo modo, arras e cláusula penal induzem o devedor ao cumprimento. A essência é a mesma.

É possível ainda traçar um paralelo entre a multa convencional e as 'astreintes' (multa processual que constrange o réu ao cumprimento de uma ordem judicial). Os dois institutos são igualmente diversos, mas ambos têm a coincidente finalidade de coagir a parte a cumprir a sua obrigação.

O principal objetivo da cláusula penal é garantir a obrigação principal, induzindo o devedor a cumprir a obrigação, reforçando assim o vínculo obrigacional.

Não é necessário o emprego das tradicionais expressões "cláusula penal", "multa penal" ou "pena convencional" para que se estabeleça a cláusula penal.

Entretanto, a boa técnica recomenda que fique claro quando a cláusula penal inserida no contrato principal é moratória ou compensatória. Na falta de disposição expressa nesse sentido, ao operador do direito cumpre avaliar qual fora a real intenção das partes ao estabelecer a multa.

A cláusula penal tem três finalidades distintas: ela robustece o vínculo obrigacional (função coercitiva), pré-fixa indenização por perdas e danos para o caso de inadimplemento (função compensatória); e se presta a punir o devedor que não cumpre a prestação no prazo ajustado (moratória).

Quando as partes estabelecem a cláusula penal compensatória devem ajustar o direito de requerer perdas e danos suplementares, assim entendidos como aqueles que ultrapassarem o valor pré-determinado na multa penal. Isto porque a lei veda indenização suplementar caso as partes não tenham convencionado nesse sentido.

A cláusula penal compensatória não pode ser cobrada concomitantemente à obrigação principal – o credor deve, a seu critério, escolher entre a prestação e a multa (art. 410 do CC). Já no caso de cláusula penal moratória, ela pode ser exigida junto com a prestação (art. 411 do CC). Para que a cláusula penal seja exigível, o credor não precisa comprovar dano, basta que demonstre a mora do devedor.

A cláusula penal é de livre estipulação pelas partes, mas o seu valor não pode ultrapassar o valor da obrigação principal, conforme dicção expressa do art. 412 do CC. Não obstante, o art. 413 do CC determina que o juiz de direito tem o dever de reduzir a pena caso parte da obrigação já estiver sido cumprida pelo devedor, ou, caso as partes tenha fixado o valor da pena em montante exorbitante e desproporcional ao contrato.

Ambos os dispositivos são normas de ordem pública, de modo que as partes não podem contratar em sentido contrário, ou seja, não podem abrir mão do limite legal, tampouco estabelecer cláusula desistindo de eventual redução no valor da multa contratual.

Capítulo 2
A Cláusula Penal fora do Código Civil

2.1. A cláusula penal no Código de Defesa do Consumidor

Neste capítulo serão examinadas questões relacionadas à cláusula penal que não estão tratadas no CC. É o que acontece quando estamos diante do instituto estipulado em contratos que vestem as relações de consumo, hipóteses em que as limitações à liberdade de contatar ficam ainda mais expressivas e contundentes.

A proteção do consumidor – assim entendido, na forma do art. 2º, *caput*, do CDC, como "toda pessoa física ou jurídica que adquire ou utiliza produto ou serviço como destinatário final" (o CDC apresenta outras definições de consumidor, mas não vale se aprofundar no assunto nesta ocasião) – se justifica em razão da sua vulnerabilidade na relação contratual. Como regra, o consumidor não possui conhecimentos técnicos sobre o objeto que está adquirindo e, não raramente está em posição econômica muito inferior em relação ao fornecedor de bens e/ou serviços.

Cláudia Lima Marques, sobre o desequilíbrio na relação jurídica, explica:

> "No caso dos contratos, o problema é o *desequilíbrio* flagrante de forças dos contratantes. Uma das partes é vulnerável (art. 4º, I), é o pólo mais fraco da

A FUNÇÃO COERCITIVA DA CLÁUSULA PENAL E UMA CRÍTICA AO ART. 412 DO CC DE 2002

relação contratual, pois não pode discutir o conteúdo do contrato: mesmo que saiba que determinada cláusula é abusiva, só tem uma opção 'pegar ou largar', isto é, aceitar o contrato nas condições que lhe oferece o fornecedor ou não aceitar e procurar outro fornecedor. Sua situação é estruturalmente e faticamente diferente da do profissional que oferece o contrato. Este desequilíbrio de forças entre os contratantes é a justificação para um tratamento desequilibrado e desigual dos co-contratantes, protegendo o direito aquele que está na posição mais fraca, o vulnerável, o que é desigual fática e juridicamente. Aqui os dois grandes princípios da justiça moderna (liberdade e igualdade) combinam-se para permitir o limite à liberdade de um, o tratamento desigual a favor de outro (*favor debilis*), compensando a 'fragilidade'/'fraqueza' de um com as normas 'protetivas', controladoras da atividade de outro, e resultando no reequilíbrio da situação fática e jurídica".[58]

Portanto, e com todo mundo sabe, a proteção do consumidor se justifica como forma de equilibrar o contrato, impedindo que o fornecedor abuse da posição dominante que naturalmente possui na relação contratual.

E justamente com o fito de proteger o consumidor, o CDC, no texto original do seu art. 52, § 1º, dispunha que "as multas de mora decorrentes do inadimplemento de obrigação no seu termo não poderão ser superiores a dez por cento do valor da prestação".

Ocorre que, por meio da Lei nº. 9.298 de 1º de agosto de 1996, o legislador reduziu para 2% (dois por cento) o limite da cláusula penal nas relações de consumo. O limite inicialmente para a multa estabelecida pelo CDC remontava o teto estipulado pela LU com relação à cláusula penal moratória. Mas a inclinação fortemente protetiva do CDC, que vem ganhando força desde 1990, quando foi promulgado, é que culminou com essa redução.

Essa diminuição drástica é bastante atacada pelos fornecedores, que entendem que esse limite não deveria ser aplicado a toda e qualquer relação de consumo, mas apenas aos contratos relacionados à outorga de crédito ou concessão de financiamento ao consumidor, na medida em que o *caput* do art. 52 do CDC dispõe que "No fornecimento de produtos ou serviços que envolva outorga de crédito ou concessão de financiamento ao consumidor,

---

[58] MARQUES, Cláudia Lima. **Contratos no Código de Defesa do Consumidor: o novo regime das relações contratuais**. 5ª ed. rev., atual. e ampl. São Paulo: Editora RT, 2006. pp. 318-319.

o fornecedor deverá, entre outros requisitos, informá-lo prévia e adequadamente (...)".

Mal colocado ou não no texto do CDC, o fato é que os próprios autores do anteprojeto da lei consumerista entendem que "*o novo percentual aplica--se a todos os contratos de consumo*" [59], tal como a jurisprudência é unânime no sentido de que o limite de 2% aplica-se para todos os contratos oriundos de relações de consumo.

É importante mencionar que o dispositivo em questão trata da cláusula penal moratória, ou seja, aquela que é estipulada para o caso de cumprimento realizado fora do tempo, lugar ou forma estabelecidos , sendo perfeitamente lícito às partes (ou ao fornecedor, já que a grande maioria dos contratos de consumo é de adesão) inserir uma segunda cláusula penal no contrato de consumo, de finalidade compensatória, como bem decidiu o STJ [60].

Além disso, esclareça-se que, ainda que seja possível estabelecer cláusula penal compensatória nos contratos regidos pela lei consumerista, a pena estipulada deverá seguir fielmente o regramento do art. 51 do CDC, ficando a validade da cláusula sujeita aos parâmetros do referido dispositivo.

---

[59] GRINOVER, A.; *et al.* **Código Brasileiro de Defesa do Consumidor.** 6. ed. São Paulo: Forense Universitária, 1999. p. 544.

[60] CIVIL E PROCESSUAL. PROMESSA DE COMPRA E VENDA DE VEÍCULO AUTOMOTOR PARA ENTREGA FUTURA. AÇÃO MOVIDA PELO ADQUIRENTE. RESCISÃO ATRIBUÍDA À INADIMPLÊNCIA DO AUTOR. AUSÊNCIA DE RESPONSABILIDADE DA EMPRESA VENDEDORA. RESTITUIÇÃO DE PARCELAS PAGAS. MULTA CONTRATUAL (20%).
ACÓRDÃO ESTADUAL QUE A REDUZ AO LIMITE DE 2%. HIPÓTESE DIVERSA DO ART. 52, § 1º, DO CDC. INCIDÊNCIA DOS ARTS. 916 E SEGUINTES DO CÓDIGO CIVIL. ELEVAÇÃO DA PENALIDADE A PERCENTUAL MAIOR, PORÉM EM PATAMAR INFERIOR AO CONTRATADO, POR EXCESSIVAMENTE ONEROSO.
I. Reconhecido pelas instâncias ordinárias que embora intentada a ação de rescisão pelo comprador, foi ele, na verdade, quem deu causa à rescisão do contrato de compra e venda de veículo para entrega futura, o desfazimento da avença, com a restituição das parcelas já pagas, implica na retenção de parte delas, em face da cláusula penal amparada nos arts. 916 e seguintes do Código Civil anterior, cujo percentual não fica sujeito, obrigatoriamente, aos 2% previstos no art. 52, parágrafo 1º, do CDC, por ser outra a espécie, podendo, todavia, sofrer redução, para afastar a abusividade, segundo diretriz contida na mesma Lei n. 8.078/90.
II. Recurso especial conhecido em parte e, nessa parte, parcialmente provido, para elevar a retenção a 8% (oito por cento).
(REsp 505.629/MG, Rel. Ministro ALDIR PASSARINHO JUNIOR, QUARTA TURMA, julgado em 02/03/2004, DJ 29/03/2004, p. 246) – sem destaques no original

A FUNÇÃO COERCITIVA DA CLÁUSULA PENAL E UMA CRÍTICA AO ART. 412 DO CC DE 2002

Isso quer dizer que, sob pena de nulidade, a cláusula penal compensatória jamais pode ser abusiva (art. 51, IV, do CDC), parâmetro este bastante subjetivo e que, ao fim e ao cabo, somente poderá ser avaliado pelo próprio Poder Judiciário, caso surja algum conflito entre as partes quanto ao valor que tenha sido fixado.

Fernanda Girardi Tavares, sobre a espécie de cláusula penal de que trata este dispositivo (moratória), bem como acerca da possibilidade de fixação de uma segunda cláusula penal no contrato (compensatória), é categórica:

> "No que tange à cláusula penal, por exemplo, o CDC impõe, no art. 52, § 1º, o limite de 2% como teto das cláusulas penais moratórias. A redação original do CDC previa o percentual de 10% como máximo para as multas moratórias, sendo que, com a edição da Lei 9.298, de 02.08.1996, esse percentual foi reduzido para o teto que vigora atualmente.
>
> Assim, ainda que se entenda o art. 412 do CC, que estipula o valor da obrigação principal como limite às cláusulas penais, seja aplicável às cláusulas de natureza moratória, nos contratos de consumo prevalece o limite positivado no Código de Defesa do Consumidor, de 2% do valor da prestação. Havendo estipulação que supere esse limite, será considerada nula naquilo que excedê-lo.
>
> A multa moratória não impede a fixação de cláusula penal compensatória, pois, como visto na primeira seção deste trabalho, a pena moratória tem caráter punitivo." [61]

Assim, uma vez atrasada a obrigação em contrato entabulado sob a égide do CDC, ao credor será lícito cobrar a prestação cominada com a pena moratória de 2% (no máximo), tal como lhe autoriza o art. 411 do CC.

Outra questão de grande relevância sobre o tratamento dado à cláusula penal no CDC está descrita no art. 53, a seguir transcrito:

> Art. 53. Nos contratos de compra e venda de móveis ou imóveis mediante pagamento em prestações, bem como nas alienações fiduciárias em garantia, consideram-se nulas de pleno direito as cláusulas que estabeleçam a perda

---

[61] MARQUES, Claudia Lima (org.). **A nova crise do contrato: estudos sobre a nova teoria contratual**. São Paulo: Editora Revista dos Tribunais, 2007. "Os instrumentos de equilíbrio contratual no Código Civil e no Código de Defesa do Consumidor: estudo da cláusula penal e da cláusula de não indenizar" pp. 393-394.

total das prestações pagas em benefício do credor que, em razão do inadimplemento, pleitear a resolução do contrato e a retomada do produto alienado.

Ao tratar dos contratos de compra e venda de bens móveis ou imóveis à prestação, o art. 53 do CDC veda expressamente ao fornecedor a estipulação de cláusula que implique a perda das parcelas já pagas pelo consumidor, em caso de resolução do contrato por culpa deste último, com a retomada do bem.

O artigo se presta, por exemplo, para expurgar uma cláusula muito comum nos contratos de financiamento imobiliário, que estipula que caso o consumidor desista do negócio, perderá os valores das parcelas já quitadas em favor da instituição financeira.

Tal cláusula, de solar abusividade, investe o fornecedor de enorme poder na relação contratual, e impõe uma desvantagem excessiva ao consumidor. Portanto, veda-se a estipulação da pena de perdimento total dos valores já pagos pelo consumidor, pena esta que, em última análise, nada mais é do que uma cláusula penal compensatória implícita. [62]

Mas fique claro que o CDC impede apenas que o fornecedor estipule cláusula que implique a perda total (100%) das parcelas já pagas pelo consumidor, mas não há qualquer vedação legal quanto à disposição contratual que determine a perda apenas parcial das parcelas que já tinham sido quitadas.

Logo, caso o fornecedor retenha apenas uma porcentagem dos valores já pagos pelo consumidor, sem que isso implique em abusividade ou ofensa a qualquer um dos parâmetros do art. 51 do CDC, a retenção parcial [63] de quantias já pagas não nos parece é ilegal.

---

[62] FILOMENO, José Geraldo Brito. **Da cláusula penal no direito do consumidor**, *in* Revista de Direito do Consumidor. nº. 49, janeiro-março de 2004. Editora Revista dos Tribunais, p. 81.
[63] *e.g.* - CIVIL E PROCESSUAL. COTAS DE CONSÓRCIO ADQUIRIDAS DE EMPRESA VENDEDORA DE VEÍCULOS. CARACTERIZAÇÃO COMO COMPROMISSO DE COMPRA E VENDA. DESISTÊNCIA PELO ADQUIRENTE. CLÁUSULA PENAL. CDC, ART. 53. MITIGAÇÃO. RETENÇÃO PARCIAL PARA RESSARCIMENTO DE DESPESAS.
I. Reconhecido pelo Tribunal estadual que se cuidou, na espécie, de compromisso de compra e venda de quotas de consórcio, a desistência, pelo adquirente, sob alegação de dificuldades econômicas, implica na aplicação parcial da cláusula penal, cabendo a retenção de parte dos valores a serem restituídos, para ressarcimento de despesas administrativas da vendedora.
II. Recurso especial conhecido e parcialmente provido.
(REsp 165.304/SP, Rel. Ministro ALDIR PASSARINHO JUNIOR, QUARTA TURMA, julgado em 07/02/2006, DJ 20/03/2006, p. 273)

Já se ressaltou que no contrato de consumo é plenamente possível se estabelecer cláusula penal compensatória, seja a benefício do consumidor, seja a favor do próprio fornecedor. O que balizará a fixação será justamente a noção de "não-abusividade" que deve nortear a relação de consumo.

Frise-se, por oportuno, que a cláusula penal abusiva também não é admitida no CC: vale lembrar que o art. 413 autoriza a redução judicial da cláusula penal que tenha sido fixada em patamar manifestamente excessivo, observadas as circunstâncias do negócio.

Na venda de bens móveis ao consumidor, é muito comum que o fornecedor estabeleça programa de "fidelização", estabelecendo um prazo de carência mínima durante o qual o consumidor não poderá rescindir o contrato, sob pena de pagamento de elevada multa contratual.

Essa situação é bastante comum, por exemplo, na venda do aparelho de celular atrelada à prestação de serviços de telefonia móvel.

Os programas de fidelidade trazem grandes benefícios tanto aos fornecedores e quanto aos consumidores. Pelo lado do fornecedor, ele vinculará o consumidor por um período (normalmente por um ano). Para o consumidor, é possível que lhe sejam concedidas uma série vantagens, tais como reduções no valor das tarifas, e, principalmente, descontos no preço do aparelho de celular, que em alguns casos é integralmente subsidiado pela operadora de telefonia.

O problema surge com a possível extinção imotivada do contrato durante o período de carência pelo consumidor. Esse ato desestabiliza completamente a estratégia de mercado da operadora de telefonia móvel, de maneira que a sua única arma para impedir esta postura indesejada do consumidor é uma multa elevada, que reforça de maneira efetiva o cumprimento do contrato pelo prazo estipulado (finalidade coercitiva), além de compensá-la pela eventual resilição prematura.

Ocorre que é muito comum vermos o Poder Judiciário, com base nos princípios que norteiam o CDC, reconhecer como abusivas as multas impostas pelas operadoras, determinando a sua aguda redução e, em alguns casos, extirpando-a completamente, sempre em benefício do consumidor desinformado, enganado, passado para trás. Sobre os critérios de revisão de cláusulas abusivas, Daniela Moura Ferreira esclarece:

A CLÁUSULA PENAL FORA DO CÓDIGO CIVIL

"... o critério que pode ser utilizado como parâmetro para se detectar se determinada cláusula é abusiva é o desequilíbrio significativo que sua inserção exerce na relação jurídica, justamente porque ofende os princípios fundamentais do sistema jurídico; restringe direitos e obrigações fundamentais inerentes à natureza do contrato, de modo tal que ameaça seu objeto e o equilíbrio contratual, demonstrando-se excessivamente onerosa para o contratante." [64]

A conseqüência dessa postura do Judiciário, a médio e longo prazo, por óbvio será a extinção destes programas de fidelização, facilmente burláveis pelo consumidor com fundamento nas disposições do art. 51 do CDC.

Essa situação é que, no limite, acabará por prejudicar os próprios consumidores, que perderão os benefícios em relação aos abatimentos nas tarifas e descontos em novos e modernos aparelhos de celular.

Conclui-se, assim, que é legítima a limitação ao valor da cláusula penal moratória, tal como imposta no CDC, já que é inquestionável a necessidade de proteção à parte vulnerável do contrato; por outro lado, cabe ao intérprete do contrato – principalmente ao Judiciário – analisar o contexto em que a cláusula penal compensatória é estipulada, de forma que a proteção ao consumidor não se torne tão excessiva a ponto de voltar-se contra ele mesmo no médio e longo prazo.

2.2. A cláusula penal e a Lei da Usura

A LU, que dispõe sobre juros nos contratos de mútuo, traz disposição específica sobre as cláusulas penais nos negócios jurídicos dessa natureza, limitando-a a dez por cento (10%) sobre o valor da dívida (art. 9º).

Até aí nenhuma grande celeuma. Mas é importante enfrentar o tratamento dado à multa pela LU para que se explique a convivência harmônica entre o instituto da cláusula penal tal como estabelecido também no CC e no CDC.

Logo após a promulgação da LU pelo então presidente Getúlio Vargas, em 07 de abril de 1933, muito se discutiu sobre uma possível revogação dos

---

[64] FERREIRA, Daniela Moura. **O contrato de consumo.** *in* Revista de Direito do Consumidor. nº. 49, janeiro-março de 2004. Editora Revista dos Tribunais, p. 188.

artigos do CC 1916 que tratavam do instituto da cláusula penal [65]. Isto porque a LU em seus artigos 8º e 9º, dispunha que:

> Art. 8º. As multas ou cláusulas penais, quando convencionados, reputam-se estabelecidas para atender a despesas judiciais e honorários de advogados e não poderão ser exigidas quando não for intentada ação judicial para cobrança da respectiva obrigação.
> Parágrafo único. Quando se tratar de empréstimo até cem mil cruzeiros e com garantia hipotecária, as multas ou cláusulas penais convencionadas reputam-se estabelecidas para atender, apenas, a honorários de advogado, sendo as despesas judiciais pagas de acordo com a conta feita nos autos da ação judicial para cobrança da respectiva obrigação.

***

> Art. 9º. Não é válida cláusula penal superior à importância de 10% (dez por cento) do valor da dívida.

A discussão ganhou calor na medida em que o próprio Clóvis Beviláqua, comentando o seu CC 1916, sustentou que: "O Dec. nº 22.626, de 7 de Abril de 1933, arts. 8 e 9, alterou o conceito da cláusula penal segundo o Código Civil e a melhor doutrina". [66] Mas o que houve foi apenas uma antinomia parcial.

Tendo em vista que a LU não era uma lei geral, mas sim específica sobre os contratos de mútuo, somente a estes ela se aplicava; o que nos leva a concluir que não foram eliminadas as disposições do CC 1916, que deixaram apenas incidir sobre os contratos de mútuo, continuando a regular todos os demais contratos, desde que não tratados por outras leis especiais.

Outro critério que permite concluir que a LU jamais poderia derrogar dispositivos do CC 1916 consiste no fato de que, a partir de uma interpretação sistemática do ordenamento, um decreto jamais poderia revogar uma lei

---

[65] WALD, Arnoldo. **Curso de Direito Civil Brasileiro. Vol. II: Obrigações e Contratos.** 13ª Edição – Revista, ampliada e atualizada de acordo com a Constituição de 1988 (...). São Paulo: Editora Revista dos Tribunais, 1998. p. 161.

[66] Op. cit., p.55

federal ordinária, prevalecendo assim o critério hierárquico, conforme ensina Norberto Bobbio [67], em sua obra "Teoria do Ordenamento Jurídico".

Com relação ao CC, verifica-se que este, sendo igualmente lei hierarquicamente superior à LU, a ela prevalece, a não ser com relação ao regramento da cláusula penal em contratos de mútuo, para o qual a lei especial continua a produzir efeitos.

Com relação às disposições sobre a cláusula penal na LU e no CDC, a questão é igualmente de fácil solução. Para os contratos de mútuo que não envolvam relação de consumo – assim entendidos aqueles reputados paritários – devem prevalecer as disposições da LU, vista como lei anterior e especial.

Mas nos contratos de mútuo oriundos especificamente de relações de consumo, aplica-se o CDC, visto como lei especial e posterior em relação à LU. Sobre este assunto, Arnaldo Rizzardo esclarece:

> "O Código de Defesa do Consumidor (Lei nº 8.078, de 1990), no art. art. 52, § 1º, emprega o termos 'multa', limitando-a a 2% do valor da prestação: "As multas de mora decorrentes do inadimplemento de obrigação no seu termo não poderão ser superiores a 2% (dois por cento) do valor da prestação" (redação vinda da Lei 9.298, de 01.08.1996). O dispositivo provocou uma das maiores celeumas na interpretação de contratos, porquanto a cláusula penal ou a multa passou a ter uma limitação extremamente baixa, contrariando dispositivos de várias outras leis, que permitiam o quantum de 10%. A dificuldade reside em saber quando incide o Código de Defesa do Consumidor, indagação esta de fácil solução: sempre que o contrato atinge o consumidor final, ou não se interpondo um terceiro entre o fornecedor e o consumidor. (...)
>
> A matéria não se esgota aí. Observa-se que o Código de Defesa do Consumidor aplica-se a todos os contratos realizados com o consumidor final. Em vista do caráter geral da regra do art. 52, § 1º, afirma-se a implicação no art. 9º do Decreto 22.626, assim dispondo: "Não é válida a cláusula penal superior à importância de 10% (dez por cento) do valor da dívida". Por conseguinte, sendo o destinatário do crédito ou devedor destinatários final, há de se fixar na redução para 2%, conforme acima visto." [68]

---

[67] BOBBIO, Norberto. Teoria do Ordenamento Jurídico. Trad. Maria Celeste C. J. Santos; rev. téc. Cláudio de Cicco; apres. Tércio Sampaio Ferraz Júnior. 10ª Ed. Brasília: Editora Universidade de Brasília, 1997. – pp. 91 e ss.

[68] Op. cit. p. 543

E nem poderia ser diferente, já que diante de um contrato de consumo, assim entendido todo aquele que liga um consumidor a um profissional fornecedor de bens ou serviços [69], o CDC é inafastável.

Além das disposições contidas na LU sobre cláusula penal moratória, há na legislação esparsa outros exemplos de limitação à multa. Jorge Cesa Ferreira da Silva cita alguns:

> "a) para relações de consumo, o CDC, art. 52, § 1º, que a limita em 2%;
> b) para contratos de compromisso de compra e venda de imóveis não decorrentes do parcelamento de solo urbano, o Decreto-lei 58/37, art. 11, f, que a limita em 10% do débito, só;
> c) para contratos de compromisso de cessão de imóveis decorrentes de parcelamentos do solo urbano, a Lei 6.766/79, art. 26, V, que a limita em 10% do débito, exigível somente nos casos de intervenção judicial ou de mora superior a 3 (três) meses;
> d) nas cédulas hipotecárias, o Decreto-lei 70/66, art. 34, I, no limite de 10% do débito." [70]

2.3. Limitação da Cláusula Penal em outros Ordenamentos

2.3.1. Código Civil Italiano

No Código Civil Italiano ("CCI"), o instituto da cláusula penal está tratado nos artigos 1.382 a 1.384, a seguir transcritos:

> **"Art. 1382 Effetti della clausola penale**
> La clausola, con cui si conviene che, in caso d'inadempimento o di ritardo nell'adempimento (1218), uno dei contraenti è tenuto a una determinata prestazione, ha l'effetto di limitare il risarcimento alla prestazione promessa, se non è stata convenuta la risarcibilità del danno ulteriore (1223).

---

[69] Op. cit. p.302.

[70] SILVA, Jorge Cesa Ferreira da. Inadimplemento das obrigações. São Paulo: Editora Revista dos Tribunais, 2007. (Coleção biblioteca de Direito Civil: estudos em homenagem ao professor Miguel Reale, v. 7 / coordenação Miguel Reale e Judith Martins-Costa). pp. 262-263.

La penale è dovuta indipendentemente dalla prova del danno. [71]

***

Art. 1383 Divieto di cumulo
Il creditore non può domandare insieme la prestazione principale e la penale, se questa non è stata stipulata per il semplice ritardo. [72]

***

Art. 1384 Riduzione della penale
La penale può essere diminuita equamente dal giudice, se l'obbligazione principale è stata eseguita in parte ovvero se l'ammontare della penale è manifestamente eccessivo, avuto sempre riguardo all'interesse che il creditore aveva all'adempimento (1181, 1526-2, att. 163)." [73]

Assim como no CC, nos termos do art. 1.382 do CCI, a cláusula penal é considerada pacto acessório ou subjacente a uma obrigação principal e pode ser estabelecida contratualmente pelas partes tanto para as hipóteses de inadimplemento total da obrigação, como para o caso de mora.

E muito embora o dispositivo não trate expressamente do assunto, a doutrina italiana se posiciona no sentido de que é perfeitamente possível estabelecer cláusula penal por inadimplemento parcial. [74]

O sistema italiano prescreve que a prestação prometida a título de cláusula penal é tida como limitadora ao direito de ressarcimento, salvo previsão

---

[71] Art. 1.382 – Efeitos da cláusula penal - A cláusula, com a qual se convém que, em caso de inadimplemento ou de atraso no adimplemento, um dos contratantes tem o dever de determinada prestação, que possui o efeito de limitar o ressarcimento relacionado à prestação convencionada, salvo disposição em contrário convencionando o ressarcimento por danos ulteriores. A pena é devida independentemente de prova do dano. (tradução livre)

[72] Art. 1.383 – Proibição de acúmulo - O credor não pode requerer cumulativamente a prestação principal e a cláusula penal, se essa não foi estipulada para a simples mora do devedor. (tradução livre)

[73] Art. 1384 – Redução da pena - A pena prevista na cláusula penal pode ser diminuída equitativamente pelo juiz, se a obrigação principal foi parcialmente adimplida ou se o montante da pena é manifestamente excessivo, observando-se sempre o interesse que o credor tinha no adimplemento do contrato. (tradução livre)

[74] AZZARO, Andrea Maria. *2: Il contrato in generale*. Milano: Giuffrè, 2009.

convencionada entre as partes para danos suplementares. Assim, a regra é a cláusula penal que comporta uma limitação convencionada para ressarcimento do dano decorrente do inadimplemento; a exceção, inversamente, é aquele que consiste em uma espécie de cálculo com relação ao maior dano experimentado pelo credor, cabendo a esse o ônus de prová-lo do modo habitual.

Tal como no CC, o CCI, ainda no seu art. 1.382, estabelece que "La pena è dovuta indipendentemente dalla prova del danno", ou seja, não é necessário que o credor demonstre ter experimentado qualquer prejuízo decorrente do inadimplemento total ou parcial do devedor.

Conclui-se, assim, que a cláusula penal no direito italiano implica na liquidação prévia do dano, ou pré-fixação de indenização por perdas e danos. Nada mais do que a nossa cláusula penal compensatória, portanto.

Além disso, no direito italiano o valor da cláusula penal pode, na prática, exceder o valor do dano efetivamente experimentado pelo credor, situação esta que também pode acontecer no Brasil.

E nada obstante os dispositivos do CCI não tratarem de maneira distinta a cláusula penal moratória da cláusula compensatória, é justamente com base na possibilidade de fixação em valor superior ao eventual dano que a doutrina italiana sustenta italiana o seu caráter punitivo.

Portanto, tal como no direito brasileiro, a cláusula penal apresenta também o caráter "coercitivo" (como conseqüência de seu viés punitivo), induzindo o devedor em potencial ao adimplemento.

Assim como prevê o CC, o credor não pode pleitear em juízo cumulativamente o cumprimento da obrigação principal e da pena prevista para o caso de inadimplemento se ela tiver natureza compensatória. Mas se tiver sido estipulada para o caso de mora, é possível ao credor requerer a prestação principal e a multa, concomitantemente (art. 1.383 do CCI).

O art.1.384 do CCI atribui ao juiz o poder de reduzir equitativamente a cláusula penal, se a obrigação principal foi parcialmente cumprida ou se o montante previsto tiver sido fixado em valor "manifestamente excessivo". É exatamente o que dispõe o art. 413 do CC. Essa disposição está em sintonia com o princípio constitucional italiano da solidariedade social, e com o princípio de boa-fé, inerente à fase de formação e execução dos contratos. Portanto, a intervenção judicial é, nesse caso, clara expressão da equidade.

Aliás, saliente-se que a primeira hipótese do art. 1.384 (redução da cláusula penal quando há cumprimento parcial da obrigação), que reproduz justamente a primeira hipótese do art. 413 do CC, já era prevista no art. 1.214 do antigo código civil italiano e no art. 1.231 do Código Napoleônico; a segunda, apesar de pensada pela doutrina francesa, foi primeiramente disciplinada no Código Civil Alemão. Ou seja: identifica-se uma linha de raciocínio bem sólida no sistema da *civil law* ocidental com relação a crase possibilidade de revisão judicial da cláusula penal.

Segundo o ordenamento italiano vigente, a eventual redução da cláusula penal deve sempre resguardar o interesse que o credor tinha no adimplemento da obrigação. O objeto da valoração judicial não deve ser o ressarcimento do dano enquanto tal, ou seja, a redução da cláusula penal para que atinja o valor do prejuízo sofrido. O objeto da eventual redução da cláusula penal é trazer congruência à quantia convencionalmente estipulada.

Em outros termos, o interesse do credor deve ser preservado, levando-se em conta a repercussão do inadimplemento com relação ao equilíbrio da prestação e da sua efetiva incidência na situação contratual concreta.

Silvio Mazzarese observa que não se deve considerar os interesses posteriores ao contrato, aqueles cujo objeto da prestação seria destinado segundo a vontade do credor, mas deve-se considerar objetivamente os interesses do credor – os interesses próprios de qualquer credor que se encontrasse em uma situação análoga àquela, não o interesse particular daquele próprio credor.[75]

Por fim, importa salientar que tanto no CCI quanto na legislação esparsa italiana não há limitação em relação ao valor da cláusula penal, tal como ocorre no Brasil, a teor do que dispõe o art. 412 do CC.

2.3.2. Código Civil Português

No Código Civil Português ("CCP"), a cláusula penal está disposta nos artigos 810º a 812º, a seguir transcritos:

---

[75] MAZZARESE, Silvio. *Clausola Penale*. Milano: Giuffrè, 1999

ARTIGO 810º (Cláusula penal)

1. As partes podem, porém, fixar por acordo o montante da indemnização exigível: é o que se chama cláusula penal.
2. A cláusula penal está sujeita às formalidades exigidas para a obrigação principal, e é nula se for nula esta obrigação.

***

ARTIGO 811º (Funcionamento da cláusula penal)

1. O credor não pode exigir cumulativamente, com base no contrato, o cumprimento coercivo da obrigação principal e o pagamento da cláusula penal, salvo se esta tiver sido estabelecida para o atraso da prestação; é nula qualquer estipulação em contrário.
2. O estabelecimento da cláusula penal obsta a que o credor exija indemnização pelo dano excedente, salvo se outra for a convenção das partes.
3. O credor não pode em caso algum exigir uma indemnização que exceda o valor do prejuízo resultante do incumprimento da obrigação principal. (Redacção do Dec.-Lei 262/83, de 16-6)

***

ARTIGO 812º (Redução equitativa da cláusula penal)

1. A cláusula penal pode ser reduzida pelo tribunal, de acordo com a equidade, quando for manifestamente excessiva, ainda que por causa superveniente; é nula qualquer estipulação em contrário.
2. É admitida a redução nas mesmas circunstâncias, se a obrigação tiver sido parcialmente cumprida. (Redacção do Dec.-Lei 262/83, de 16- 6)

O instituto da cláusula penal está expressamente previsto no artigo 810º do CCP. É acordo subjacente a uma obrigação principal e se destina à fixação prévia de uma indenização para o caso de inadimplemento.

O curioso é que, pela lei portuguesa, certamente por falta de disposição legal expressa, o devedor não estará obrigado a pagar a cláusula penal compensatória caso comprove a ausência de culpa ou a inexistência de prejuízo para o credor.

A esse respeito, Marta Costa esclarece: "Porém, o devedor só terá de pagar a soma preestabelecida se for responsável, o que não sucederá se ele provar a sua falta de culpa. Também não será devida, como bem se compreende, não existindo dano." [76]

O art. 810º ainda prevê, expressamente, que a cláusula penal será nula se nula for a obrigação principal. O CC não contempla essa disposição expressa e, como visto anteriormente, no Brasil é possível que a cláusula penal sobreviva mesmo que nula a prestação principal (hipótese em que o vendedor vende coisa que sabe não ser de sua propriedade).

Além disso, ao contrário do CC e do CCI (visto anteriormente), o CCP não prevê expressamente a multa penal moratória, assim entendida aquela fixada para o caso de descumprimento da obrigação no tempo, lugar e/ou espaço.

Marta Costa explica que, nada obstante a falta de previsão legal explícita, é absolutamente admissível a fixação de multa penal moratória, à qual dá o nome de cláusula penal compulsória:

> "A cláusula penal indemnizatória é a única figura prevista (expressamente) no art. 810º, n. 1, do CC português.
> Mas pretenderá a lei que as partes não possam estipular cláusulas penais em termos diversos? Parece-nos que não, pois o referido artigo dispõe que: "As partes podem, porém, fixar por acordo o montante da indemnização exigível: é o que se chama cláusula penal". Não diz a lei que as partes não podem fazer em outros moldes. Pelo contrário, deixa a porta aberta, já que um dos princípios fundamentais do nosso ordenamento jurídico é o princípio da liberdade contratual, tutelado pelo art. 405º do CC.
> A favor da aceitação das cláusulas penais compulsórias apresentam-se ainda as necessidades decorrentes da segurança e certezas jurídicas, as quais saem em muito reforçadas por estas cláusulas." [77]

---

[76] COSTA, Marta. *Arbitragem e redução da cláusula penal compulsória, in* Revista de Arbitragem e Mediação (Coord.: Arnold Wald). Ano 1, nº 1, janeiro-abril de 2004, Ed. Revista dos Tribunais, p. 69

[77] Op. cit. p. 69

No artigo 811º há vedação para a cobrança da cláusula penal cumulada com o cumprimento da obrigação principal, tal como dispõe o art. 410 do CC, a não ser que a multa penal tenha sido estipulada para o caso de atraso no cumprimento da obrigação, conforme a letra expressa do art. 411 do CC. Justamente aí está, de maneira clara, a previsão legal para a estipulação de cláusula para o caso de mora.

Outra clara distinção entre o instituto da cláusula penal no Brasil e em Portugal, é que no ordenamento brasileiro é vedado o requerimento de indenização suplementar, salvo se as partes tiverem acordado nesse sentido, nos termos do art. 811º, n. 2 do CCP, mesmo quando estipulada cláusula penal compensatória, é lícito ao credor exigir indenização pelos danos excedentes, a menos que as partes tenham convencionado de maneira diversa. O art. 811º ainda proíbe que o credor exija indenização em valor superior ao prejuízo decorrente do descumprimento da obrigação principal.

O art. 812º, por fim, reproduz exatamente o que dispõe art. 413 do CC (e também o art. 1.384 do CCI), assegurando a possibilidade de redução judicial da cláusula penal em homenagem ao princípio da equidade. A redução é prevista para as hipóteses em que o valor é fixado em valor "manifestamente excessivo" ou quando a obrigação principal tiver sido parcialmente cumprida. Marta Costa sustenta que essa norma não é de ordem cogente, não se operando *ex officio*. Mas faz a seguinte consideração e esse respeito:

> "Para poder o tribunal ajuizar sobre a excessividade do montante da pena, é necessário que a parte interessada, ou seja, o devedor, solicite a sua redução. No entanto, tem-se entendido que esta solicitação não tem necessariamente de ser feita de forma directa, bastando que o devedor a dê a entender através dos seus comportamentos, como, por exemplo, através da contestação do valor da pena." [78]

Feitas todas estas considerações, é novamente de extrema relevância frisar que tanto no CCP quanto na legislação esparsa portuguesa é possível a revisão judicial da multa, mas não existe qualquer previsão legal no sentido de se impor um limite para o valor da cláusula penal, tal como preconiza expressamente o art. 412 do CC.

---

[78] Op. cit. pp. 73-74

2.3.3. Código Civil Argentino

No Código Civil Argentino ("CCA"), no *Libro segundo de los derechos Personales en las relaciones civiles*, sob o título *De las obligaciones con cláusula penal*, há 16 artigos que regulam a cláusula penal, o que demonstra a importância dispensada pelo legislador argentino em relação ao instituto objeto deste trabalho.

Seguem os artigos mais relevantes do CCA que tratam do tema, *in verbis*:

Artículo 652.
La cláusula penal es aquella en que una persona, para asegurar el cumplimiento de una obligación, se sujeta a una pena o multa en caso de retardar o de no ejecutar la obligación. [79]

***

Artículo 655.
La pena o multa impuesta en la obligación, entra en lugar de la indemnización de perjuicios e intereses, cuando el deudor se hubiese constituido en mora; y el acreedor no tendrá derecho a otra indemnización, aunque pruebe que la pena no es indemnización suficiente. [80]

***

Artículo 656.
Para pedir la pena, el acreedor no está obligado a probar que ha sufrido perjuicios, ni el deudor podrá eximirse de satisfacerla, probando que el acreedor no ha sufrido perjuicio alguno. Los jueces podrán, sin embargo, reducir las penas cuando su monto desproporcionado con la gravedad de la falta que

---

[79] A cláusula penal é aquela em que uma pessoa, para assegurar o cumprimento de uma obrigação, se sujeita a uma pena ou multa em caso de retardar ou de não executar a obrigação principal. (tradução livre)
[80] A pena ou multa cominada com a obrigação substitui a indenização por perdas e danos, quando o devedor estiver constituído em mora; e o credor não terá direito a outra indenização, ainda que prove que a pena não é indenização suficiente. (tradução livre)

A FUNÇÃO COERCITIVA DA CLÁUSULA PENAL E UMA CRÍTICA AO ART. 412 DO CC DE 2002

sancionan, habida cuenta del valor de las prestaciones y demás circunstancias del caso, configuren un abusivo aprovechamiento de la situación del deudor.[81]

***

Artículo 659.
Pero el acreedor no podrá pedir el cumplimiento de la obligación y la pena, sino una de las dos cosas, a su arbitrio, a menos que aparezca haberse estipulado la pena por el simple retardo, o que se haya estipulado que por el pago de la pena no se entienda extinguida la obligación principal. [82]

***

Artículo 660.
Si el deudor cumple sólo una parte de la obligación, o la cumple de un modo irregular, o fuera del lugar o del tiempo a que se obligó, y el acreedor la acepta, la pena debe disminuirse proporcionalmente, y el juez puede arbitrarla si las partes no se conviniesen. [83]

Em linhas gerais, o tratamento dado pelo CCA em relação à cláusula penal é o mesmo dado pelo CC brasileiro.

Pela leitura do art. 652, fica claro que a cláusula penal, tal como no ordenamento jurídico brasileiro, é um pacto secundário à obrigação principal que se presta a assegurar o cumprimento da obrigação principal, estabelecendo uma pena para o caso de atraso descumprimento da obrigação.

---

[81] Para requerer a pena, o credor não está obrigado a provar que tenha sofrido prejuízos, nem o devedor poderá se eximir de pagá-la provando que o credor não tenha sofrido dano algum. O juiz poderá, não obstante, reduzir a pena quando seu montante for desproporcional à gravidade da falta para a qual foi estipulada, à vista o valor das prestações e demais circunstâncias do caso, que configurem um aproveitamento da situação do devedor. (tradução livre)

[82] O credor não poderá requerer o cumprimento da obrigação e da pena, mas apenas de uma das duas, a seu critério, a menos que tenha sido estipulada apenas para o caso de simples atraso no cumprimento, ou caso se tenha convencionado que a pena não extingue a obrigação principal. (tradução livre)

[83] Se o devedor cumpre apenas uma parte da obrigação, ou a cumpre de modo imperfeito, ou fora do lugar e do tempo a que se obrigou, e o credor a aceita, a pena deve diminuir proporcionalmente, e o juiz pode arbitrá-la se as partes não chegarem a um acordo. (tradução livre)

Na Argentina, uma parte da doutrina segue a chamada teoria unitária, reconhecendo que a multa é um único instituto com finalidade ambivalente; e parte da doutrina entende que a *cláusula penal compulsiva* (multa moratória) é um instituto distinto da *cláusula de liquidación anticipada de daños y perjuicios* (multa compensatória).

Cristian Ricardo A. Piris afirma:

> *"Funciones de la cláusula penal*
>
> Bajo este título se debaten intensamente cuestiones de la mayor importancia teórica y práctica. Al momento de reseñar la evolución histórica del instituto hemos tenido oportunidad de ver la naturaleza dual de las funciones de la cláusula penal, ahora tendremos oportunidad de adentrarnos en esta controversia.
>
> En la doctrina coexisten teorías unitarias y dualistas en la materia. Para la primera se halla un solo instituto legal llamado a cumplir con varias funciones distintas entre si, para los otros se tratan em realidad de dos instituciones jurídicas diferentes, en algún grado similares por su origen voluntario, pero diferentes en cuanto a causa-fin y función económico-jurídica, entre otros."[84]

Nada obstante, essa discussão se encerra no âmbito acadêmico-doutrinário, na medida em que, na prática, é possível estabelecer a cláusula penal tanto para finalidade moratória, como para o fim de se pré-fixar perdas e danos para o caso de inadimplemento total ou parcial da obrigação.

O art. 655 do CCA, à semelhança do parágrafo único do art. 416, *caput*, do CC, prevê que o credor não poderá requerer indenização além do valor estipulado a título de cláusula penal – nessa seara, e porque o dispositivo fala justamente em indenização, não há dúvida de que a cláusula penal tratada é de natureza compensatória.

O art. 656 do CCA, por sua vez, contempla concomitantemente as disposições do art. 416, *caput*, do CC, na medida em que dispensa o credor da prova

---

[84] PIRIS, Cristian Ricardo A. *Inconsistencias de La cláusula penal. Crítica a La segunda parte Del artículo 656 do Código Civil*. Revista de la Facultad de Ciencias Económicas - Nº 3 - Segundo Semestre - Año 2004

do dano para exigir a clausula penal, e do art. 413, do CC, que preconiza a possibilidade de redução judicial do valor da cláusula penal.

Com relação à segunda parte do art. 656 do CCA, verifica-se que tal como no Brasil, na Itália e também em Portugal, é possível a redução da pena pelo juiz caso o valor tenha sido estipulado em valor desproporcional à possível falta que a parte possa cometer – é dizer o mesmo que fixada em montante manifestamente excessivo.

Já com relação ao art. 659 do CCA, é possível constatar que exatamente como dispõe a lei civil brasileira, no art. 410 do CC, o credor não poderá exigir, concomitantemente, a cláusula penal (compensatória) e o cumprimento da obrigação principal; a menos que tenha sido estipulada apenas para o caso de mora, hipótese em que é possível exigir a prestação mais a multa.

O art. 660 do CCA, enfim, trata da possibilidade de redução do valor da cláusula penal pelo juiz na hipótese de cumprimento parcial da obrigação. Vale registrar que na Argentina os tribunais entendem que este artigo é norma dispositiva, de modo que podem as partes estabelecer que mesmo na hipótese de cumprimento parcial da obrigação a multa é devida integralmente.

O que importa salientar, derradeiramente, é que o CCA não impõe às partes qualquer limitação no que toca à fixação do valor da cláusula penal, tal como determina o art. 412 do CC. Também não há no ordenamento jurídico argentino lei especial estabeleça limite ao valor da multa convencional.

2.4. A Interpretação do Superior Tribunal de Justiça sobre a aplicação da cláusula penal

Até aqui a cláusula penal foi abordada tal como disposta na lei e como vista pela doutrina. Mas admitindo que no Brasil a jurisprudência também é fonte do direito, é de rigor verificar de que forma se comporta o Poder Judiciário frente a algumas questões pontuais relacionadas ao instituto.

E na medida em que é função do STJ uniformizar os entendimentos dos tribunais estaduais [85], neste tópico serão analisadas decisões da Corte Superior

---

[85] SILVA, José Afonso da. **Curso de Direito Constitucional Positivo**. 15ª edição revista e atualizada. São Paulo: Malheiros, 1998. p. 560.

em relação às seguintes questões: *(i)* cumulação de cláusula penal moratória e compensatória no mesmo instrumento; *(ii)* avaliação subjetiva da espécie de cláusula penal estipulada em contrato; *(iii)* requerimento de indenização suplementar quando as partes estipulam apenas multa moratória; e *(iv)* nulidade ou redução da cláusula penal fixada em patamar superior ao limite previsto no art. 412 do CC.

O primeiro ponto que merece observação diz respeito à possibilidade de estipulação de cláusula penal moratória e de cláusula penal compensatória no mesmo instrumento contratual, isto é, ao abrigo de uma mesma obrigação principal.

Como visto anteriormente, a cláusula moratória e a cláusula compensatória são de espécies diferentes e têm finalidades distintas, isto é, embora ambas sirvam para coagir o devedor, a primeira apenas pune a mora do devedor, e a segunda se presta a fixar previamente eventuais perdas e danos decorrentes do inadimplemento total da obrigação principal.

Portanto, e não havendo vedação legal para que as partes estabeleçam as duas multas convencionais em um só contrato, é perfeitamente possível que os contratantes estipulem no mesmo instrumento a cláusula moratória e a compensatória. A esse respeito, confira-se a ementa do acórdão resultado do julgamento do Recurso Especial nº. 832.929/SP:

> DIREITO CIVIL. PROCESSUAL CIVIL. RECURSO ESPECIAL. LOCAÇÃO. AÇÃO DE DESPEJO CUMULADA COM COBRANÇA DE ALUGUÉIS. **MULTAS COMPENSATÓRIA E MORATÓRIA. FATOS GERADORES DISTINTOS. CUMULAÇÃO. POSSIBILIDADE. PRECEDENTES.** RECURSO ESPECIAL CONHECIDO E PROVIDO.
>
> **1. É firme a jurisprudência do Superior Tribunal de Justiça no sentido de ser possível a cumulação das multas moratória e compensatória quando tiverem elas origem em fatos geradores diversos, como ocorrido no caso concreto.**
> 2. Recurso especial conhecido e provido.
> (REsp 832.929/SP, Rel. Ministro ARNALDO ESTEVES LIMA, QUINTA TURMA, julgado em 06/09/2007, DJ 22/10/2007, p. 356) – **sem destaques no original**

Ressalte-se que, não só para boa técnica, mas especialmente para evitar discussões desnecessárias em eventual disputa judicial, é importante que fique claro no instrumento contratual qual é o fato gerador da cláusula penal, isto é, quando ela é estipulada para o caso de mora, quando ela é fixada a título de perdas e danos.

Nesse sentido, pode-se dizer que não seria demais colocar os próprios termos "cláusula penal moratória" e "cláusula penal compensatória" como forma de encerrar, de antemão, eventual dúvida que possa surgir a este respeito no momento da interpretação do contrato pelas partes ou pelo próprio Poder Judiciário.

Enfim, quando as partes estipulam no contrato cláusula penal de maneira genérica, sem deixar claro qual a espécie de multa que quiseram estabelecer, ou qual seria a sua finalidade, pode surgir fundada dúvida no momento de sua eventual cobrança. Aí está a segunda questão pontual que se pretende abordar neste tópico. Em uma situação em que não é possível verificar, claramente, se a cláusula penal foi estipulada para punir a mora ou a título de indenização pré-fixada, caberá ao juiz, em última análise, fazer esta avaliação.

No julgamento do Recurso Especial nº. 734.520/MG, o Ministro Relator Quaglia Barbosa, apreciando a dúvida quanto à finalidade da cláusula penal, invoca Caio Mário da Silva Pereira para estabelecer que um bom critério para dirimir esta questão seria confrontar o valor da multa com o da obrigação principal – sendo aquele valor muito inferior, tratar-se-ia moratória. Confira-se a ementa do acórdão respectivo:

> RECURSO ESPECIAL. OMISSÃO. ALEGADA VIOLAÇÃO DO ART. 535 DO CPC. NÃO OCORRÊNCIA. LEGITIMIDADE DAS EMPRESAS RECORRENTES AFIRMADA PELO TRIBUNAL A QUO. JULGAMENTO EXTRA PETITA. NULIDADE. EXCLUSÃO DO EXCESSO VERIFICADO. DEVEDOR. MORA. INTERPELAÇÃO VERIFICADA. VÍCIOS REDIBITÓRIOS. DECADÊNCIA. DESCABIMENTO. RECURSOS NÃO CONHECIDOS.
> **INADIMPLEMENTO ABSOLUTO DO CONTRATO. MATÉRIA PROBATÓRIA. ENUNCIADO N. 7 DA SÚMULA DESTE STJ. CLÁUSULA PENAL. MORATÓRIA. PRÉ-FIXAÇÃO DE PERDAS E DANOS. NÃO OCORRÊNCIA.**
> (...)

> **7. Num primeiro momento, na falta de critérios mais precisos para se definir quando é compensatória ou moratória a cláusula penal, recomenda a doutrina "que se confronte o seu valor com o da obrigação principal, e, se ressaltar sua patente inferioridade, é moratória" (Caio Mário da Silva Pereira);** *in casu,* **como registrado no acórdão guerreado, a cláusula penal foi fixada em 10% do valor do contrato, o que, à luz do critério acima traçado, exterioriza e denota sua natureza moratória.** Ademais, ainda que compensatória fosse a estipulação, "ocorrendo o inadimplemento imputável e culposo, o credor tem a possibilidade de optar entre o procedimento ordinário, pleiteando perdas e danos nos termos dos arts. 395 e 402 (o que o sujeito à demora do procedimento judicial e ao ônus de provar o montante do prejuízo) ou, então, pedir diretamente a importância prefixada na cláusula penal, que corresponde às perdas e danos estipulados a forfait. Daí a utilidade da cláusula penal como instrumento que facilita o recebimento da indenização, poupando ao credor o trabalho de provar, judicialmente, ter havido dano ou prejuízo, livrando-se, também, da objeção da falta de interesse patrimonial" (Judith Martins-Costa in Comentários ao Novo Código Civil. Do inadimplemento das obrigações. Volume V. Tomo II. Arts. 389 a 420. Coordenador Sálvio de Figueiredo Teixeira. Rio de Janeiro: Forense, 2004, página 490).
>
> (...)
>
> 17. Recurso especiais não conhecidos.
>
> (REsp 734.520/MG, Rel. Ministro HÉLIO QUAGLIA BARBOSA, 4ª T., j. em 21/06/2007, DJ 15/10/2007, p. 279) – **sem destaques no original**

Sem dúvida alguma é válido esse critério, até porque na grande maioria dos contratos a multa moratória é fixada em quantia não superior a 10% sobre o valor da obrigação principal. Essa praxe contratual certamente se estabeleceu porque há uma série de leis especiais que limitam nesse patamar o valor da multa moratória. Além disso, caso a multa moratória seja estipulada em valor superior a 10%, ela poderá ser considerada manifestamente excessiva pelo Poder Judiciário.

De qualquer forma, é importante salientar que apenas com base no valor da multa pode não ser possível ao juiz verificar qual a verdadeira espécie e/ou finalidade da multa convencional. É preciso analisar o contrato como um todo e, mais do que isso, avaliar a vontade das partes ao estipular a pena.

O próprio Caio Mário sustenta que o juiz deve se utilizar de todas as formas possíveis para identificar se a multa é moratória ou compensatória:

> "Não é fácil dizer, em tese, ou genericamente, quando é compensatória ou moratória a cláusula penal. Mandam uns que se confronte o seu valor com o da obrigação principal, e, se ressaltar sua patente inferioridade, é moratória, mas outros desprestigiam este processo comparativo, para concluir que o critério não é absoluto; obviamente, a pena se despe de todo caráter compensatório, mesmo equivalendo à obrigação principal, quando se estipula (o que é lícito) venha a consistir em prestação a um terceiro, como seja um estabelecimento beneficente. Em conclusão, caberá ao juiz valer-se de todos os meios, a começar da perquirição da vontade, para, as circunstâncias, inferir e proclamar, nos casos duvidosos, a natureza moratória ou compensatória da multa." [86]

Por isso é que, conforme já mencionado anteriormente, recomenda-se às partes que deixem sempre claro no contrato qual a espécie de multa convencional que pretenderam estipular.

A terceira questão que merece anotação na seara da interpretação do instituto da cláusula penal pelo STJ diz respeito à desnecessidade de ressalva para perdas e danos suplementares nos contratos em que a parte estabelece apenas cláusula penal moratória.

Quando as partes decidem estabelecer cláusula penal compensatória no contrato, precisam se atentar para o fato de que não poderá ser exigida indenização suplementar, quer dizer, não poderão as partes reclamar qualquer quantia a título de perdas e danos além do montante pré-fixado. A esse respeito, confira-se posicionamento do STJ no julgamento do Agravo Regimental no Agravo nº 788.124/MS, a seguir ementado:

> AGRAVO REGIMENTAL. AGRAVO DE INSTRUMENTO. APLICAÇÃO DA SÚMULA 83/STJ. CUMULAÇÃO DA CLÁUSULA PENAL E INDENIZAÇÃO POR PERDAS E DANOS. INCIDÊNCIA SÚMULA 7/STJ. RECURSO IMPROVIDO.
> **I- Não é possível a cumulação de cláusula penal compensatória e indenização por perdas e danos.**
> II- Aplica-se a Súmula 7 do STJ na hipótese em que a tese versada no recurso reclama a análise de elementos probatórios gerados ao longo da demanda.
> III- Agravo regimental a que se nega provimento.

---

[86] Op. Cit., p. 154

(AgRg no Ag 788.124/MS, Rel. Ministro PAULO FURTADO - DESEM-BARGADOR CONVOCADO DO TJ/BA, TERCEIRA TURMA, julgado em 27/10/2009, DJe 11/11/2009) – **sem destaques no original**

Sem prejuízo do entendimento acima, vale lembrar que será lícito à parte inocente exigir o pagamento da cláusula penal compensatória cumulada com perdas e danos que tenha sofrido além do montante da multa se no contrato houver ressalva expressa nesse sentido, isto é, se as partes tiverem estipulado essa possibilidade contratualmente. Ressalte-se, apenas, que a indenização suplementar dependerá da comprovação dos danos sofridos, conforme já visto anteriormente.

Há casos, entretanto, em que as partes não estipulam cláusula penal compensatória, mas apenas a multa moratória. Nesta hipótese, sem dúvida alguma a parte está autorizada a pleitear o recebimento da multa moratória cumulada com indenização por perdas e danos, as quais deverão ser igualmente comprovadas, independentemente de qualquer ressalva, tal como acontece no caso de estipulação de cláusula penal compensatória.

Nesse sentido, vale a leitura da ementa a seguir, extraída do acórdão resultado do julgamento do Recurso Especial nº. 968.091/DF:

RECURSO ESPECIAL. AÇÃO RESCISÓRIA. OBRIGAÇÃO. DESCUM-PRIMENTO. **CLÁUSULA PENAL MORATÓRIA. CUMULAÇÃO COM LUCROS CESSANTES. POSSIBILIDADE.** VIOLAÇÃO A LITERAL DIS-POSIÇÃO DE LEI. INEXISTÊNCIA. DISSÍDIO JURISPRUDENCIAL. AU-SÊNCIA DE SIMILITUDE FÁTICA.
1. A instituição de cláusula penal moratória não compensa o inadim-plemento, pois se traduz em punição ao devedor que, a despeito de sua incidência, se vê obrigado ao pagamento de indenização relativa aos prejuízos dele decorrentes. Precedente.
2. O reconhecimento de violação a literal disposição de lei somente se dá quan-do dela se extrai interpretação desarrazoada, o que não é o caso dos autos.
3. Dissídio jurisprudencial não configurado em face da ausência de similitude fática entre os arestos confrontados.
4. Recurso especial não conhecido.
(REsp 968.091/DF, Rel. Ministro FERNANDO GONÇALVES, QUARTA TURMA, julgado em 19/03/2009, DJe 30/03/2009) – **sem destaques no original**

Portanto, a vedação legal quanto ao requerimento de indenização suplementar terá lugar apenas e tão somente quando as partes ajustarem de maneira expressa uma cláusula penal compensatória sem a ressalva de que indenização adicional poderá ser requerida pela parte interessada.

A quarta e última questão enfrentada pelo STJ em relação à cláusula penal – merecedora de registro –, diz respeito ao fato de que não deve ser admitida como nula cláusula penal que tenha sido fixada em patamar superior à limitação legal. É o que se extrai da ementa do julgamento do Agravo Regimental no Agravo nº 793.058/RS:

> AGRAVO REGIMENTAL. RECURSO ESPECIAL NÃO ADMITIDO. PRE-QUESTIONAMENTO. CLÁUSULA PENAL.
> **1. O Tribunal não afastou a incidência da cláusula penal, mas, apenas, considerou que a multa, como ajustada, ficou mais onerosa do que a própria prestação devida na normalidade. Nesse caso, houve a regular aplicação do artigo 920 do Código Civil, adequando-se a multa a patamares admitidos pela legislação.**
> 2. Agravo regimental desprovido.
> (AgRg no Ag 793.058/RS, Rel. Ministro CARLOS ALBERTO MENEZES DIREITO, TERCEIRA TURMA, julgado em 29/11/2006, DJ 07/05/2007, p. 318) – **sem destaques no original**

Isso quer dizer que, caso as partes tenham estabelecido cláusula penal em valor que supere o limite previsto no art. 412 do CC, *i.e.*, em valor superior ao valor da obrigação principal, compete ao Poder Judiciário reduzir a multa ao patamar legal, independentemente do reconhecimento da nulidade da cláusula, e conforme lhe autoriza expressamente o art. 413 do CC.

Ademais, é oportuno salientar que a acomodação do valor da cláusula penal (seja ela compensatória ou moratória) ao limite da lei independe de pedido expresso da parte interessada, devendo ser realizada de ofício pelo juiz, na medida em que, conforme visto acima, tanto a limitação legal quanto a possibilidade de redução do valor da multa são matérias de ordem pública. Conseqüentemente, não teria razão o credor que alegasse julgamento *extra petita*.

Por fim, verifica-se que a cláusula penal fixada em patamar superior ao da limitação legal não nasce morta, tampouco deve ser declarada nula pelo

2.5. Conclusões parciais - Capítulo 2

Poder Judiciário, que deve reduzi-la de maneira que se observe o teto imposto pela lei.

2.5. Conclusões parciais - Capítulo 2

Nos termos do art. 52, § 1º, do CDC, "as multas de mora decorrentes do inadimplemento de obrigação no seu termo não poderão ser superiores a 2% (dois por cento) do valor da prestação". Esta disposição decorre da necessidade de proteção ao consumidor e se justifica como forma de equilibrar o contrato, impedindo que o fornecedor abuse da posição dominante que naturalmente possui na relação contratual. Ela diz respeito apenas à multa moratória. Com relação multa compensatória nos contratos regidos pela lei consumerista, não é necessário observar este limite legal, mas a cláusula penal compensatória jamais poderá ser abusiva, conforme parâmetro do art. 51, IV do CDC.

Quanto aos contratos de compra e venda de bens móveis ou imóveis à prestação que estejam sujeitos ao CDC, o seu respectivo art. 53 veda ao fornecedor a estipulação de cláusula que implique o perdimento total das parcelas já pagas pelo consumidor, em caso de extinção do contrato por culpa deste último, quando o fornecedor pretende a retomada efetiva do bem.

A LU, que trata nos contratos de mútuo, traz disposição específica sobre as cláusulas penais nos negócios jurídicos dessa natureza, limitando-a a 10% (dez por cento) sobre o valor da dívida.

Portanto, simplificando, no que diz respeito ao regramento da cláusula penal no CC, no CDC e na LU, temos (a) aplicam-se as disposições do CC nos contratos que não sejam de mútuo, que não sejam oriundos de relações de consumo, e que não envolvam a legislação específica que trate a multa penal de maneira específica; (b) as disposições previstas na LU, por sua vez, aplicam-se a todos os contratos de mútuo que não envolvam, de alguma maneira, relação de consumo; e (c) aplicam-se as disposições previstas no CDC a todo e qualquer contrato que envolva uma relação de consumo.

Os ordenamentos jurídicos italiano, português e argentino não impõem expressamente limitação legal ao valor da cláusula penal - o que é absolutamente razoável e esperado. Isto porque todos eles prevêem expressamente a possibilidade de redução judicial da multa, seja na hipótese de cumprimento parcial da obrigação, seja na hipótese de fixação em patamar manifestamente excessivo.

Conclui-se, assim, que diante da possível redução judicial da pena, não só no CC mas também por outros ordenamentos do sistema da *civil law*, não há razão para uma limitação prévia ao valor da cláusula penal. Portanto, o teto imposto pelo art. 412 do CC é desnecessário, e se apresenta como uma agressiva e injustificada limitação à autonomia da vontade das partes.

Por fim, foram analisadas decisões do STJ que admitem que:

(i) é possível cumulação de cláusula penal moratória e compensatória em um mesmo contrato; *(ii)* compete ao operador do direito fazer uma avaliação subjetiva da espécie de cláusula penal estipulada em contrato, observando, para tanto, o valor da pena e a intenção das partes ao fixá-la; *(iii)* a parte está autorizada a pleitear indenização suplementar quando as partes estipulam no contrato apenas multa moratória; e *(iv)* a cláusula penal fixada em patamar superior ao limite legal não é nula, e deve ser reduzida pelo juiz adequando-se ao quanto previsto no art. 412 do CC.

Capítulo 3
Direito e Economia: A Cláusula Penal como Ferramenta de Cumprimento do Contrato

3.1. Apresentação e o diálogo entre Direito e Economia

Para José Afonso da Silva, o Direito é um fenômeno histórico-cultural que se concretiza de forma pensada e ordenada, primariamente por meio de costumes e normas positivadas, seguindo uma determinada ordem ou sentido [87]. É possível classificá-lo como um sistema normativo (direito positivo), ao qual se submete a sociedade como forma de estabelecer e/ou manter a paz social.

Armando Castelar Pinheiro e Jairo Saddi, na obra *Direito, Economia e Mercados*, esclarecem sobre o Direito:

> "O Direito (lei, jurisprudência, costumes, etc.) funciona como um conjunto de normas jurídicas que constituem as regras de conduta social. Seu objetivo é regular a atividade dos homens, em suas relações sociais. Além disso, é um meio de solucionar conflitos. Portanto, esta dupla função – a de induzir condutas e de resolver conflitos –, apesar de não defini-lo, torna mais preciso seu funcionamento. Quando, na falta dessas normas jurídicas, o juiz

---

[87] Op. cit. p. 35.

se depara com um caso sem precedentes (jurisprudência) ou a respeito do qual falta disposição na legislação vigente, direta ou indireta, devem buscar, por meio da analogia, os princípios gerais de direito para decidir a questão; em tais circunstâncias, estes adquirem força normativa, para a solução das controvérsias levas ao Poder Judiciário." [88]

O objeto do Direito é o estudo do feixe de normas em abstrato tal como coordenado e aplicado concretamente à coletividade, seguindo uma determinada metodologia. A Economia, por sua vez, "estuda como pessoas, empresas, governo e outras organizações de nossa sociedade fazem escolhas e como estas escolhas determinam a forma como a sociedade utiliza seus recursos." [89]

Daí porque conceitos tais como escassez e eficiência são tão importantes para a Economia. Eles são o ambiente e a premissa para as escolhas que faz a sociedade. A partir destes conceitos, é possível verificar que há entre as duas ciências um evidente ponto de intersecção, que é o alicerce do Direito & Economia.

Sobre o encontro das duas ciências, Bruno Salama [90] afirma: "Tanto o Direito quanto a Economia lidam com problemas de coordenação, estabilidade e eficiência na sociedade."

Para muitos é difícil admitir o diálogo entre as duas ciências, na medida em que o Direito é hermenêutico e nasce do comportamento e dos costumes, enquanto a Economia é estatística e empírica.

Além disso, o Direito está preocupado com noções de justiça, ao passo que a Economia se volta para questões ligadas a custos e riquezas. Mas isso não significa que uma é antítese da outra. Até porque não se vive apenas de justiça, tampouco somente de dinheiro. Há quem julgue que a matéria Direito & Economia está circunscrita à academia, o que não é verdade, conforme se verá adiante. E ainda mais equivocadamente, há quem pense que o tema é novo.

---

[88] PINHEIRO, Armando Castelar e SADDI, Jairo. **Direito, economia e mercados**. Rio de Janeiro: Ed. Elsevier, 2006. p. 20.

[89] TIGLITZ, Joseph E.; WALSH, Carl E. **Introdução à microeconomia**. Tradução [da 3ª ed. original] de Helga Hoffmann. Rio de Janeiro: Campus, 2003. p. 8.

[90] TIMM, Luciano Benetti (org.). **Direito & Economia**. 2ª ed. rev. e atual. Porto Alegre: Livraria do Advogado Editora, 2008. Bruno Meyerhof Salama em "O que é Direito e Economia" p. 49.

Rachel Stajn desmitifica:

"A relação entre Direito e Economia é tão antiga quanto a última, embora seja vista como alguma coisa marginal, de pouca importância, e é imensa a contribuição que o diálogo entre Direito e Economia (Ciências Sociais aplicadas) pode oferecer ao propor soluções para questões atuais, ao contrário do que afirmam os detratores dessa corrente de estudos.
Cabe observar, ainda, que esse diálogo é antigo. No século XVIII, Adam Smith and Jeremy Bantham, o primeiro a estudar os efeitos econômicos decorrentes da formulação das normas jurídicas, o outro ao associar legislação e utilitarismo, demonstravam a importância de análise interdisciplinar ou multidisciplinar de fatos sociais. Embora haja estudos anteriores, é a partir dos anos 60 do século passado que se inicia o desenvolvimento da denominada área de *Law and Economics*, que vem se fortalecendo na pesquisa acadêmica." [91]

Para uma boa conceituação de Direito & Economia, voltemos a Bruno Salama, que cita Richard Posner, grande pensador da Escola de Chicago e divulgador dessa ciência:

"Pode-se conceituar a disciplina de Direito e Economia como um corpo teórico fundado na aplicação da Economia às normas e instituições jurídico-políticas. Na síntese de Richard Posner, o Direito e Economia compreende "a aplicação das teorias e métodos empíricos da economia para as instituições centrais do sistema jurídico". Para Nicholas Mercuro e Steven Medema, trata-se da "aplicação da teoria econômica (principalmente microeconomia e conceitos básicos da economia do bem-estar) para examinar a formação, estrutura, processos e impacto econômico da legislação e dos institutos legais" [92]

Portanto, se o Direito & Economia aplica conceitos de Economia às instituições centrais do Direito, isso significa que é possível analisar questões jurídicas não só com base nos tradicionais princípios de Direito, mas também

---

[91] ZYLBERSZTAJN, Décio e SZTAJN, Rachel (organizadores). **Direito & Economia - Análise Econômica do Direito e das Organizações**. São Paulo: Ed. Campus, 2005. Rachel Sztajn em *Law and Economics*. p. 74.
[92] Op. cit., p. 51

A FUNÇÃO COERCITIVA DA CLÁUSULA PENAL E UMA CRÍTICA AO ART. 412 DO CC DE 2002

amparados por conceitos de Economia, tais como escassez, assimetria de informação, externalidades e custos de transação.

O maior benefício que a Economia traz ao Direito é, sem dúvida alguma, a capacidade que a ciência tem de se extrapolar o caso concreto e considerar, no momento de se tomar uma decisão, a relação jurídica inserida no contexto de toda a sociedade, esta última por meio de suas instituições (as quais são as regras do jogo e visam reduzir a assimetria de informação e a insegurança jurídica).[93]

O Direito, muitas vezes, se prende na solução de um conflito de interesses apenas com base na legalidade da decisão que será tomada, sem se preocupar com os efeitos externos que tal decisão pode causar na sociedade. A esses efeitos externos a Economia dá o nome de externalidades.

As externalidades, que são os efeitos irradiados para fora da relação jurídico-econômica, são atividades que envolvem a imposição involuntária de custos ou de benefícios, isto é, que têm efeitos positivos ou negativos sobre terceiros sem que estes tenham oportunidade de impedi-los, e sem que tenham de pagá-los ou o direito de ser indenizados. Portanto, a melhor decisão jurídica é aquela que ao menos considera as suas externalidades, ainda que a elas atribua peso mínimo.

Outro ponto de suma relevância para o Direito & Economia é o conceito de custos de transação. Segundo Ronald Coase, custo de transação é o custo incorporado pelas partes e por terceiros em uma decisão, em um negócio jurídico e principalmente uma transação econômica; e tal como todo custo, é indesejável em qualquer circunstância de fato ou de direito. Em um mundo ideal, ele deveria ser zero, mas no mundo real isso é impossível.[94]

Enfim, a possibilidade de se pensar no indivíduo como uma peça na sociedade e não apenas como um sujeito de direitos, bem como capacidade de avaliação dos efeitos que uma relação jurídica produzem para fora dela, notadamente quanto a aspectos econômicos, é que torna o estudo do Direito & Economia tão rico.

---

[93] NORTH, Douglass C. *Institutions*. The Journal of Economic Perspectives, Vol. 5, No. 1. (Winter, 1991), pp. 97-112. Disponível em http://links.jstor.org/sici?sici=0895-3309%28199124%295%3A1%3C97%3AI%3E2.0.CO%3B2-W

[94] COASE, Ronald. **O problema do custo social**. *The Latin American and Caribbean Journal of Legal Studies*, N. 1, Vol. 3, Article 9, 2008. p. 12

O Direito & Economia aplicado, enfim, é uma análise centrada em identificar os efeitos práticos das normas e das decisões, invés de uma análise baseada apenas na justiça pura e simples [95].

Não se trata, por óbvio, de negar ou mitigar os princípios tradicionais do Direito que são o alicerce da justiça, mas sim de pensá-los além da relação jurídica posta à apreciação do operador do Direito. É absolutamente possível admitir que o Direito e a Economia caminhem juntos e, por mais que essa assertiva incomode alguns juristas. Rachel Sztajn explica a razão:

> "Tomando a Economia como poderosa ferramenta para analisar normas jurídicas, em face da premissa de que as pessoas agem racionalmente, conclui-se que elas responderão melhor a incentivos externos que induzam a certos comportamentos mediante sistema de prêmios e punições. Ora, se a legislação é um desses estímulos externos, quanto mais as forem as normas positivadas aderentes às instituições sociais, mais eficiente será o sistema."[96]

As pessoas agem racionalmente, e costumam decidir e responder melhor a incentivos externos que contemplem prêmios e penalidades. É justamente nesse contexto que o ordenamento jurídico afigura-se como um incentivo, no sentido de que quanto mais eficientes forem as normas, mais eficiente será o sistema.

De qualquer forma, seria no mínimo irracional acreditar que uma das duas ciências, isoladamente, poderia manter a tão desejada paz social.

Portanto, não se trata de sobrepor uma ciência à outra. O estudo interdisciplinar é que a todos interessa, buscando-se soluções, justas, eficientes e, sobretudo inovadoras, de modo que possam acompanhar a sociedade que evolui muito mais rápido que o Direito e que a própria Economia.

Bruno Salama, a esse respeito, é categórico:

> "A questão, portanto, não é tanto se eficiência pode ser igualada à justiça, mas sim como a construção da justiça pode se beneficiar da discussão de prós

---

[95] SHAVELL, Steven. *Law and economics*. International Encyclopedia of the Social Sciences, 2nd edition, William A. Darity, ed., Detroit, Macmillan. 2008. Vol. 4, pp. 367-369. Disponível em http://www.law.harvard.edu/faculty/shavell/pubs.php
[96] Op. cit. p. 75

e contras, custos e benefícios. Noções de justiça que não levem em conta as prováveis conseqüências de suas articulações práticas são, em termos práticos, incompletas."[97]

Exemplificativamente, vamos explorar uma hipótese em que o conceito de escassez e de externalidades negativas são aplicados diretamente ao Direito.

Imaginemos um determinado cidadão portador de HIV já no estágio avançado da doença precise de tratamento. Vamos admitir que ele não tenha recursos para a terapia adequada para seu caso – sabidamente cara – e tenha que se socorrer do Estado. E vamos admitir que diante da fase delicada da doença, o tratamento padrão oferecido nos hospitais públicos não seja suficiente para que ele mantenha uma sobrevida. Nesse contexto, será necessário um tratamento especial e muito mais caro.

Imaginemos, então, que esse doente, amparado pelo seu constitucional direito à saúde[98], recorrerá ao Estado[99] como forma de obter o tratamento especial para a sua grave enfermidade. E qual será o comportamento do Estado, por meio do Poder Judiciário, diante de uma pretensão dessa natureza? Certamente o de assegurar o tratamento especial desse doente, conforme dispõe expressamente a Constituição Federal ("CF").

Ocorre que ao assegurar as despesas para o tratamento a este cidadão doente, o Poder Judiciário terá ignorado que os recursos são escassos, e que certamente o dinheiro necessário para cobrir o tratamento especial requerido pelo portador de HIV em estágio avançado terá origem no mesmo orçamento utilizado para financiar o tratamento padrão da rede pública. Como consequência lógica, faltará dinheiro para cobrir o tratamento padrão para outros portadores de HIV.

Apenas para ilustrar, vamos imaginar que o tratamento padrão tenha um custo médio de 1 mil unidades de valor, e que o tratamento especial para o

---

[97] Ob. cit. p. 59.

[98] CF - Art. 6º São direitos sociais a educação, a saúde, a alimentação, o trabalho, a moradia, o lazer, a segurança, a previdência social, a proteção à maternidade e à infância, a assistência aos desamparados, na forma desta Constituição.

[99] CF - Art. 196. A saúde é direito de todos e dever do Estado, garantido mediante políticas sociais e econômicas que visem à redução do risco de doença e de outros agravos e ao acesso universal e igualitário às ações e serviços para sua promoção, proteção e recuperação.

paciente do exemplo em comento tenha um custo médio de 4 mil unidades de valor.

Assim, no caso apresentado, com base no direito à saúde garantido ao cidadão pela CF, de um lado o Poder Judiciário salvou o paciente com HIV em estágio avançado, e de outro e condenou outros três pacientes que necessitariam do tratamento padrão da rede pública.

O exemplo trazido é apenas hipotético, mas reflete a dificuldade de uma solução para os problemas sociais cotidianos apenas com base no Direito, sem considerar e sopesar a escassez de recursos e as externalidades negativas que uma decisão que ignora conceitos econômicos pode surtir.

Não se pretende dar uma solução para este caso, tampouco sustentar que a Economia seria capaz de, como num passe de mágica, resolver o problema da falta de recursos e das externalidades indesejadas. Mas deve ficar claro que, sob a óptica do Direito & Economia, o Direito deve ser pensado de forma racional, e não apenas com base na justiça.

Rachel Sztajn, mais uma vez quanto ao emprego prático do Direito & Economia:

> "Trata-se de aplicação da teoria da escolha racional ao Direito (quer se trate de Direito positivo, de usos e costumes, decisões dos Tribunais ou de normas sociais), uma forma de pensar as normas jurídicas levando em conta que os prêmios e punições estão associados tanto às instituições quanto á racionalidade econômica e, por isso, devem ser considerados elementos formadores do substrato normativo." [100]

E não é apenas o Poder Judiciário que enfrenta esta dificuldade. Exemplo semelhante acontece todo ano quando o Estado precisa decidir a atualização monetária do salário mínimo nacional. Obviamente, seria desejável que o valor estabelecido pudesse garantir a dignidade da pessoa humana, princípio geral de Direito dos mais nobres e importantes em termos sociais.

Entretanto, os recursos são escassos, de forma que não é possível estabelecer o salário mínimo em quantia que assegure ao cidadão uma vida digna.

---

[100] Op. cit. p. 82.

Só quem vive, ou sobrevive com o salário mínimo é que realmente sabe que o seu valor é uma verdadeira afronta ao Estado Democrático de Direito.

Por fim, é importante frisar que mesmo admitindo a aplicação, direta ou indireta, de conceitos e teorias econômicas às instituições jurídicas, a Economia deve servir apenas como um apoio, não podendo jamais se sobrepor ou alicerçar o Direito, sob pena de subvenção do ordenamento jurídico e instalação de uma insegurança jurídica coletiva.

3.2. A aplicação do Direito e Economia nos contratos

A conceituação de contrato que ecoa praticamente em todas as escolas de Direito é de simples compreensão: contrato é um negócio jurídico celebrado entre duas ou mais partes que, investidas de suas vontades plenas, criam, modificam ou extinguem direitos em consonância com o ordenamento jurídico vigente.

Maria Helena Diniz conceitua *contrato* da seguinte forma:

"Num contrato, as partes contratantes acordam que se devem conduzir de um determinado modo, uma em face da outra, combinando seus interesses, constituindo, modificando ou extinguindo obrigações, ou seja, vínculos jurídicos de caráter patrimonial. O contrato repousa na idéia de um pressupostos de fato querido pelos contraentes e reconhecido pela norma jurídica como base do efeito jurídico perseguido. Seu fundamento é a vontade humana, desde que atue conforme à ordem jurídica. Seu *habitat* é o ordenamento jurídico. Logo, para esta concepção não basta mera manifestação de vontade para a aquisição de um direito, como, p. ex., a compra de uma casa; para a transferência do direito, como a cessão de um compromisso de compra e venda; e para extinção de um direito, como o caso de rescisão contratual. É necessário que tal efeito, visado pelo interessado, esteja conforme a norma jurídica; isto é assim porque a própria ordem jurídico-positiva permite a cada pessoa a prática de negócio jurídico, provocando seus efeitos. [101]

---

[101] DINIZ, Maria Helena. **Tratado Teórico e Prático dos Contratos**. Volume 1. 6ª ed. rev. e atual. de acordo com o novo Código Civil (lei n. 10.406, de 10.1.2002). São Paulo: Saraiva, 2006. p. 8

Essa é a conceituação jurídica tradicional. Sílvio Venosa, explicando o universo das relações contratuais, afirma que "Quando o homem usa de sua manifestação de vontade com a intenção precípua de gerar efeitos jurídicos, a expressão dessa vontade constitui-se num negócio jurídico." [102]

Ocorre que o homem médio não costuma pensar em "gerar efeitos jurídicos". Ele está preocupado em adquirir bens e serviços. Logo, nota-se que o comportamento humano quando celebra um contrato é essencialmente econômico, e não jurídico. Nesse sentido, como afirma Enzo Roppo, "o contrato é a veste jurídica das operações econômicas". [103]

O Direito, enquanto fenômeno histórico social que se personifica por meio de regras de conduta, compõe apenas uma parte da sociedade. É sabido que a função social do Direito e do contrato tem como finalidade última a tão almejada paz social, mas não é esse o motor da vida humana. O que o homem busca, em verdade, é satisfazer as suas necessidades (ilimitadas) em um universo em que os meios de produção são limitados e os recursos são escassos. [104]

Nesse contexto é que devemos avaliar o homem que contrata e o próprio contrato tal como inseridos na sociedade, e não isoladamente; à vista de interesses e necessidades materiais, podemos assumir que a análise deve ser feita na relação homem/contrato *versus* sociedade/mercado. Ou seja, para uma análise apurada, é desejável uma avaliação do contrato sob o espectro do Direito e também da Economia.

Luciano Benetti Timm conceitua o contrato à luz da teoria do *Law and Economics*:

> "Em uma perspectiva de direito e economia, o contrato, de fato (ou como um fato), não é um elo solidário entre pessoas vivendo em sociedade, mas sim uma transação de mercado na qual cada parte se comporta de acordo com os seus interesses, como se estivessem em um jogo armando as suas estratégias (individualismo). Dessa forma, como evidenciado pela teoria dos jogos, uma parte somente irá cooperar com a outra na medida em que puder desfrutar de algum benefício proporcionado pelo jogo (a menos que o

---

[102] Op. cit. p. 361.
[103] ROPPO, Enzo. *O Contrato*. Coimbra: Editora Almedina, 1988. p. 18.
[104] NOGAMI, Otto. **Princípios de Economia**. 5ª ed. revista. São Paulo: Thomson Learning, 2006, Capítulo I.

direito contratual ou a moral ditem regras e estabeleçam o contrário). Esta é uma tradição que começa com o desbravador estudo de Adam Smith, sobre a riqueza das nações." [105]

Percebe-se, assim, que o contrato vai além de mero negócio jurídico celebrado entre partes e em consonância com a lei. Ele deve ser avaliado e interpretado em um ambiente de mercado, e não apenas na relação *inter parte*, sobretudo porque são inegáveis os seus custos de transação e as suas externalidades positivas e/ou negativas.

Nesse sentido, Luciano Timm menciona exemplo citado pelo Professor Cooter (*Law and Economics*) que bem ilustra a necessidade de interpretação dos contratos sob a óptica de mercado. Confira-se:

> "Como diz o Professor Cooter, comentando o *leading* case nos EUA sobre abusividade: 'os advogados preocupam-se com o caso individualizado, ao passo que os economistas preocupam-se com as estatísticas. Estatisticamente, a proteção paternalista da Mrs. Willians (consumidora autora da demanda), pela imposição a restrições legais ao mercado de crédito, inflige elevados custos aos consumidores pobres, vistos enquanto classe." [106]

O que se denota do exemplo citado acima é que uma vitória da parte autora da ação judicial em desfavor do banco, no sentido de reconhecer como abusiva eventual cláusula em contrato de crédito, pode gerar uma externalidade negativa no sentido de que o banco deixará de praticar aquela modalidade de crédito, em detrimento dos mais pobres vistos como uma classe, que são justamente os que mais se beneficiam com a disponibilidade de crédito no mercado.

Exemplo parecido aconteceu no Brasil no final dos anos 90 e começo dos anos 2000. Naquela época era comum a celebração atrelada de contratos de *leasing* cambial (arrendamento mercantil) e compra de automóveis com pagamento parcelado. Nessas operações as parcelas do preço eram atualizadas conforme a variação cambial do dólar norte-americano.

---

[105] TIMM, Luciano Benetti (org.). **Direito & Economia**. 2ª ed. rev. e atual. Porto Alegre: Livraria do Advogado Editora, 2008. Vide "Ainda sobre a função social do direito contratual no Código Civil Brasileiro: justiça distributiva *versus* eficiência econômica". p. 80.
[106] Idem, pp. 80-81.

Em janeiro de 1999 houve uma excessiva elevação no câmbio, aumentando sensivelmente as parcelas destes contratos de *leasing*.

Vários possuidores de veículos financiados nessa modalidade de contrato ajuizaram ações requerendo a anulação da cláusula que previa a correção das parcelas pela variação do câmbio, fundamentando o pedido com base no princípio da teoria da imprevisão.

Em 2001 o STJ julgou o primeiro caso sobre esse assunto (REsp 268.661/RJ). Na ocasião, a Ministra Relatora Nancy Andrighi reconheceu a aplicação do CDC à espécie e, sustentando que de fato teria havido desequilíbrio econômico financeiro do contrato, anulou a cláusula que previa a correção das parcelas pela variação do câmbio, sob o fundamento de que seria ilegal a transferência do risco da oscilação cambial do banco para o consumidor.

Mais tarde o STJ amadureceu seu entendimento e, no julgamento do Recurso Especial nº 472.594/SP optou por distribuir igualmente entre fornecedor (arrendador) e consumidor (arrendatário) os ônus da variação cambial, de maneira que as parcelas, a partir de janeiro de 1999 foram reajustadas observando-se apenas 50% da variação cambial. [107]

Esse entendimento é que prevaleceu e norteou as decisões da grande maioria das ações judiciais dessa natureza.

Nada obstante, o resultado da postura do STJ em relação ao tema era esperado: os bancos simplesmente deixaram de praticar essa modalidade de arrendamento mercantil no mercado (*leasing* cambial). Na linguagem econômica, a postura do judiciário ensejou uma externalidade negativa.

---

[107] LEASING. Variação cambial. Fato superveniente. Onerosidade excessiva. Distribuição dos efeitos. A brusca alteração da política cambial do governo, elevando o valor das prestações mensais dos contratos de longa duração, como o leasing, constitui fato superveniente que deve ser ponderado pelo juiz para modificar o contrato e repartir entre os contratantes os efeitos do fato novo.

Com isso, nem se mantém a cláusula da variação cambial em sua inteireza, porque seria muito gravoso ao arrendatário, nem se a substitui por outro índice interno de correção, porque oneraria demasiadamente o arrendador que obteve recurso externo, mas se permite a atualização pela variação cambial, cuja diferença é cobrável do arrendatário por metade.

Não examinados os temas relacionados com a prova de aplicação de recursos oriundos do exterior e com a eventual operação de hedge.

Recurso conhecido em parte e parcialmente provido.

(REsp 401.021/ES, Rel. Ministro CESAR ASFOR ROCHA, Rel. p/ Acórdão Ministro RUY ROSADO DE AGUIAR, QUARTA TURMA, julgado em 17/12/2002, DJ 22/09/2003, p. 331)

Assim, mesmo em tempos de câmbio estável, o consumidor brasileiro não tem mais a possibilidade de contratar financiamento atrelado ao dólar, devendo se sujeitar às taxas praticadas no mercado, conforme orientação do Banco Central, que não raramente adota posturas conservadoras em relação à taxa de juros do país.

Pelo que se viu, a posição do STJ ao julgar esse caso foi orientada pela função social do direito e do contrato, que é a pedra fundamental do CC e do CDC vigentes. A esse respeito, e sem a pretensão de se alongar a discussão sobre assunto, é oportuno registrar algumas considerações sobre a função social do Direito como base para a interpretação legislativa, doutrinária e jurisprudencial.

A nova ordem jurídica distanciou-se da visão patrimonialista do Direito, que se firmou nos tempos das codificações napoleônicas, quando o mundo vivia o mercantilismo. O próprio CC 1916 teve suas origens nas leis daquela época, em que a proteção em relação ao patrimônio, sobretudo à propriedade, era a maior preocupação da sociedade.

Hoje não vivemos mais o mundo imperialista, mas sim um mundo preocupado com o bem estar social. Daí porque ganha força, a cada dia, a interpretação do Direito sob a óptica de sua verdadeira função, qual seja a distribuição igualitária de justiça como forma de se alcançar a paz social.

Mas nem só de justiça vive a humanidade. Já se disse que o homem é movido pelos seus interesses e necessidades. Armando Castelar e Jairo Saddi esclarecem que "o ser humano sempre procura aquilo que considera melhor para si, preferindo mais a menos satisfação." [108] Logo, a função social do direito deve sim ser pensada e colocada em prática, mas sem olvidar que ainda vivemos em um mundo capitalista.

A busca por bens de consumo é frenética, e as ações do homem no mercado devem ser observadas considerando-se o comportamento do mercado e os aspectos econômicos reputados relevantes para o bem estar social.

Portanto, sob o prisma de Direito & Economia, a análise da função social do contrato deve ser empregada para explicar o contrato em um ambiente de mercado. Essa perspectiva facilita a visão da coletividade, que, mais do que ser

---

[108] Op. cit. p. 89.

protegida, precisa parar de sofrer com as conseqüências negativas advindas de uma má interpretação dos contratos.

Uma análise econômica do Direito no contexto dos contratos nos permite uma avaliação mais adequada das possíveis externalidades inerentes aos próprios contratos, gerando prejuízos menores à coletividade e mais eficiência social.

3.3. O Contrato como ferramenta de circulação de riquezas e os princípios tradicionais dos contratos

Conforme já vimos, o contrato é negócio jurídico bi ou plurilateral, por meio da qual as partes, conforme sua vontade e nos termos da lei, criam, extinguem ou modificam direitos. Mas não é a vontade de criar, extinguir ou modificar direitos que move a parte a celebrar um contrato, e sim a sua real necessidade e/ou vontade de adquirir bens e serviços, o que podemos chamar de circulação de riquezas.

Silvio Venosa explica:

> "A sociedade hoje, doutro lado, é fugaz e consumista. Os bens e serviços são adquiridos para serem prontamente utilizados e consumidos. Rareiam os bens duráveis. As coisas tornam-se descartáveis. A economia de massa é levada pela mídia dos meios de comunicação. O que tem valor hoje não terá amanhã e vice-versa. Nesse contexto, cumpre ao jurista analisar a posição do contratante individual, aquele que é tratado como 'consumidor', o qual consegue, na sociedade capitalista, ser ao mesmo tempo a pessoa mais importante e, paradoxalmente, mais desprotegida na relação negocial. A ingerência de direito público nesse relacionamento não retira do campo do direito provado esse exame." [109]

Nesse contexto, nota-se que é o contrato, e não mais a propriedade, que passa a ser o principal ator do mundo econômico globalizado, na medida em que é o contrato que pode circular riquezas e assim impulsionar a economia.

---

[109] Op. Cit. p. 367

Por essa razão é que os princípios contratuais tradicionais, também conhecidos como "velhos princípios contratuais"[110] (a autonomia da vontade, a força obrigatória e a relatividade) não podem, de forma alguma, serem mitigados ou relativizados.

A autonomia da vontade, também chamada autonomia privada ou simplesmente liberdade para contratar, está intrinsecamente ligada à liberdade do indivíduo constitucionalmente garantida (CF, art. 5º, *caput*[111]).

A "liberdade" é a regra, e somente o Estado, notadamente por meio de norma, é que pode limitar a liberdade de um cidadão, respeitando a sua individualidade e, ao mesmo tempo, atendendo aos interesses da própria sociedade.

Maria Helena Diniz afirma que autonomia da vontade das partes consiste no "poder de estipular livremente, como melhor lhes convier, mediante acordo de vontades, a disciplina de seus interesses, suscitando efeitos tutelados pela ordem jurídica (...)" e prossegue esclarecendo que esta liberdade envolve:

> "a) A liberdade de contratar ou não contratar (*Abschulussfreiheit*), isto é, o poder de decidir, segundo seus interesses, se e quando estabelecerá com outrem uma relação jurídica contratual. Todavia, o princípio de que a pessoa pode abster-se de contratar sofre exceções, como, p. ex., quando o indivíduo tem obrigação de contratar imposta pela lei, como é o caso das companhias seguradoras, relativamente aos seguros obrigatórios. b) A liberdade de escolher o outro contratante, embora às vezes a pessoa do outro contratante seja insuscetível de opção, como, p. ex., nas hipóteses de serviço público concedido sob regime de monopólio, ou seja, das empresas concessionária de serviço público. c) A liberdade de fixar o conteúdo do contrato, escolhendo qualquer uma das modalidades contratuais reguladas por lei (contratos nominados), introduzindo alterações (*RT, 481:120*) que melhor se coadunem com os seus interesses e com as peculiaridades do negócio, ampliando ou restringindo os efeitos do vínculo contratual, ou adotando novos tipos contratuais, distintos

---

[110] FERANDES, Wanderley. **Fundamentos e Princípios dos Contratos Empresariais** (coord.). Série GVlaw. São Paulo: Saraiva, 2007. Teresa Ancona Lopes em "Princípios Contratuais" p. 8.

[111] "Art. 5º Todos são iguais perante a lei, sem distinção de qualquer natureza, garantindo-se aos brasileiros e aos estrangeiros residentes no País a inviolabilidade do direito à vida, à liberdade, à igualdade, à segurança e à propriedade, (...)"

dos modelos previstos pela ordem jurídica, conforme as necessidades do negócio jurídico, dando origem, assim, aos contratos inominados". [112]

Do trecho acima fica claro que o indivíduo contrata *(i)* se e quando quiser, à exceção de vedação expressa de lei; *(ii)* com a pessoa que desejar, salvo se por força de lei não tiver opção; e *(iii)* da forma que bem entender, inclusive inovando a lei, desde que não decida contratar mediante forma proibida no ordenamento jurídico. Verifica-se, portanto, que a autonomia privada, embora bastante ampla, não é absoluta. O Estado, pela lei, lhe impõe limites. E não só a lei, mas os chamados novos princípios contratuais, tal como a boa-fé objetiva e função social do contrato, igualmente impõe limites à liberdade das partes em contratar.

O princípio da força obrigatória dos contratos, por sua vez, preconiza que as disposições do contrato deverão ser fiel e obrigatoriamente cumpridas pelas partes (*pacta sunt servanda*), sob pena de a parte inocente requerer ao Estado que obrigue a parte inadimplente a cumprir a prestação a que se obrigou, por meio de execução coercitiva ou expropriatória.

E deve ser assim porque o contrato, quando concluído sem vícios, é lei entre as partes. Teresa Ancona Lopes, sobre o princípio da força obrigatória, afirma:

> "Esse princípio é conseqüência imediata do princípio da autonomia da vontade. Desde que as partes, no uso de sua liberdade, queiram se submeter a regras por elas próprias estabelecidas e, tendo sido observados todos os pressupostos e requisitos impostos pelo ordenamento, o contrato obriga os contratantes como se fosse lei imperativa (lex privata). Como conseqüência, nenhuma das partes poderá alterar unilateralmente seu conteúdo, a não ser que seja de comum acordo" [113]

O contrato, portanto, é elevado à categoria de norma de Direito, que só pode ser desobedecida no caso de distrato livremente ajustado pelas partes, ou da ocorrência de evento de caso fortuito ou força maior (art. 393 do CC[114]),

---

[112] Op. cit., pp. 77-78.
[113] Op. cit. p. 16.
[114] "Art. 393. O devedor não responde pelos prejuízos resultantes de caso fortuito ou força maior, se expressamente não se houver por eles responsabilizado.

o qual deve obrigatoriamente ser demonstrado pela parte que deixou de cumprir a prestação (art. 33, II do CPC [115]).

Quanto ao princípio da relatividade dos contratos, ele é merecedor de rápida consideração, dada a simplicidade de sua essência: o contrato somente produz efeitos entre as partes contratantes, isto é, não deve prejudicar nem beneficiar terceiros estranhos à relação.

A esse respeito, vale anotar que o princípio da função social mitiga o princípio da relatividade. Isto porque a sociedade, vista como um terceiro estranho a uma determinada relação jurídica, não pode ser prejudicada, direta ou indiretamente, pelos termos do contrato.

Sobre a função social do contrato, Orlando Gomes ensina que "a locução 'função social' traz a ideia de que o contrato visa atingir objetivos que, além de individuais, são também sociais".[116] Portanto, de uma certa forma, os contratos sempre são de interesse da sociedade.

Ocorre que, nada obstante a produção intelectual jurídica tenha atualmente se preocupado muito mais com os novos princípios que regem o contrato, assim considerados o equilíbrio contratual, a boa-fé objetiva e a função social, a autonomia da vontade e a força obrigatória dos contratos devem ser vistos como os elementos essenciais do contrato com relação aos seus aspectos econômicos.

Rodrigo Garcia da Fonseca reconhece:

> "(...) a função econômica da livre contratação, na economia capitalista, é a sua própria razão de ser e a causa do reconhecimento jurídico do contrato como vinculante às partes. Assim, não se pode conceber um contrato numa economia de mercado – ainda que mitigada, como a brasileira – que anule ou desvirtue essa função econômica e essa liberdade de atuação do agente. Daí concluir-se que as outras funções eventualmente desempenhadas pelo

---

Parágrafo único. O caso fortuito ou de força maior verifica-se no fato necessário, cujos efeitos não era possível evitar ou impedir."

[115] "Art. 333. O ônus da prova incumbe:

(...)

II - ao réu, quanto à existência de fato impeditivo, modificativo ou extintivo do direito do autor."

[116] GOMES, Orlando. Contratos. Rio de Janeiro: Forense, 2009. p. 48

contrato não poderão sobrepor á econômica. A função social do contrato não pode sufocar a sua função econômica.

Se a liberdade de contratar é o motor da economia, ideologicamente essa liberdade também é de interesse da sociedade, pois é através dela que se desenvolve e cresce a economia. Sem liberdade contratual não se atingiria o desenvolvimento econômico, e conseqüentemente não se reduziriam as mazelas sociais. Se a Constituição elege como prioridade, paralelamente, o desenvolvimento econômico e a redução das desigualdades sociais, e ao mesmo tempo afirma que a economia deve seguir o primado da livre iniciativa, sem planejamento estatal obrigatório para o setor privado, está ordenando ao legislador infraconstitucional e ao intérprete do direito, aos Poderes constituídos em geral, que busquem o desenvolvimento econômico e a distribuição mais equânime da riqueza através de uma organização socioeconômica que privilegie a liberdade de iniciativa." [117]

A autonomia da vontade, fundada na liberdade contratual dos contratantes, é a mola propulsora para a circulação de riquezas. O princípio da força obrigatória, por sua vez, é a ferramenta de efetividade plena dos contratos.

Dessa forma, é possível concluir que os princípios tradicionais, mais do que os ditos novos princípios contratuais, é que são o verdadeiro alicerce do contrato visto como "uma transação de mercado na qual cada parte se comporta de acordo com os seus interesses", tal como sustenta Luciano Timm.[118]

Portanto, respeitados tais princípios é que se alcança a efetividade dos contratos, desejada não apenas pelas partes, mas também pela sociedade, como forma de permitir a circulação de riquezas de maneira eficiente, e sem que isso implique em insegurança de mercado, decorrente de elevados custos de transação e externalidades negativas.

---

[117] FONSECA, Rodrigo Garcia da. **A função social do contrato e o alcance do art. 421 do Código Civil**. Rio de Janeiro: Renovar, 2007. pp. 173-174
[118] Op. cit. p. 80.

3.4. A cláusula penal como forma de garantir a efetividade dos contratos e o princípio da eficiência

Quando as partes celebram um contrato, o seu desejo é o cumprimento da prestação, no tempo e forma ajustados. Sob o aspecto jurídico, é a força obrigatória que dá sustentação a este interesse.

Para a economia, a busca da eficiência justifica tal desejo. Como esclarecem Armando Pinheiro e Jairo Saddi, para a teoria econômica "a eficiência de qualquer contrato requer o cumprimento da promessa se tanto o promitente como o prometido desejarem o cumprimento pleno do contrato."[119]

Quem compra um carro, seja para uso próprio, seja para revendê-lo, é porque se interessou por ele, e como regra não lhe interessa outro automóvel, tampouco o seu equivalente em dinheiro. Essa é a regra.

E aquele que celebra contrato mas que não tem vontade de contratar, ou está sendo coagido ou está de má-fé – e para essa situação há solução jurídica: nulidade ou anulabilidade do negócio realizado e respectiva reparação civil caso a outra parte ou terceiro sofra prejuízo. Não é essa a hipótese que se pretende abordar, mas sim os contratos firmados a partir de livre manifestação de vontade e na forma da lei; e que, portanto, produzem efeitos de fato e de direito.

A esfera contratual estabelece-se dentro da autonomia privada, por meio da qual as partes, observando as disposições do ordenamento, formulam regras e condições para regular sua conduta, que se espera seja fielmente obedecida.

A obrigatoriedade contratual se baseia no princípio da confiança e da segurança jurídica, razão pela qual o contrato vincula – ou seja, as partes precisam ter a segurança ou a alguma certeza de que o contrato será cumprido. Para a sociedade o contrato é um valor de utilidade social e econômica e, tal como as partes, espera que ele seja rigorosamente satisfeito. Qualquer descumprimento contratual é repugnante e produz indesejáveis custos de transação e externalidades negativas. Nesse sentido, César Fiúza afirma que:

> "Modernamente, a obrigatoriedade contratual encontra seus fundamentos na Teoria Preceptiva, segundo a qual as obrigações oriundas dos contratos

---

[119] Op. cit. p. 145.

obrigam, não apenas porque as partes as assumiram, mas porque interessa à sociedade a tutela da situação objetivamente gerada, por suas conseqüências econômicas e sociais." [120]

Sem dúvida um dos fundamentos do cumprimento dos contratos é o interesse da parte em manter a sua credibilidade perante a contraparte. Porém, é certo que fundamento do cumprimento das obrigações extrapola a credibilidade individual. O interesse social, que supera o interesse pessoal, também é fator determinante para o cumprimento do contrato.

Daí decorre que a força obrigatória não importa apenas aos contratantes que assim desejam, mas também interessa à sociedade, que espera que os contratos sejam efetivamente adimplidos, como sustenta a teoria preceptiva.

Noutras palavras, reconhece-se que a sociedade tem pleno interesse na efetividade dos contratos.

Nesse ponto, é possível traçar um paralelo entre o *contrato* e o *processo judicial*. Como já dissemos anteriormente, no âmbito do direito processual, ao longo dos últimos anos, os operadores do direito têm discutido à exaustão sobre os meios de trazer efetividade ao processo judicial, de modo que o direito tutelado seja entregue à parte interessada nos termos esperados e o mais rapidamente possível. Para esse fim é que o instituto das astreintes ganhou força no processo civil.

Com relação ao contrato, existe a mesma preocupação. Se tanto as partes como a sociedade têm interesse na efetividade dos contratos, é preciso estudar e discutir meios que induzam de forma rigorosa a parte ao cumprimento da prestação a que se obrigou da forma ajustada e sem atraso.

Sob a óptica de Direito & Economia, essa efetividade dos contratos nada mais é do que a busca da eficiência nas relações contratuais vista como um conjunto. Sobre a eficiência na contratação, Rachekl Sztajn afirma que ela desdobra-se em uma "alocação eficiente de riscos" atrelada à promoção de incentivos eficientes ao cumprimento da promessa, visando economizar custos

---

[120] FIÚZA, César. **Para uma releitura da principiologia contratual**. Pontifícia Católica de Minas Gerais. Faculdade Mineira de Direito. VIRTUAJUS. Disponível em http://www.fmd.pucminas.br/Virtuajus/ano2_2/Para%20uma%20releitura%20da%20principiologia%20contratual.pdf – acessado em 04 de janeiro de 2011

de transação[121]. Ou seja, como visto, é a aplicação de teoria econômica pura a uma instituição jurídica central.

Registre-se que o descumprimento do contrato, seja ele total ou parcial, ou mesmo o simples atraso no adimplemento da prestação, gera custos de transação e externalidades negativas não só para as partes contratantes, mas para toda a sociedade.

O descumprimento de um contrato firmado para a construção de um edifício ensejará a paralisação da obra, gerando, via de conseqüência, desemprego dos trabalhadores para ela admitidos. O descumprimento de um contrato de prestação de serviços de transporte de funcionários de uma indústria pode atrapalhar a produção da fábrica e, conseqüentemente, atingir o consumidor final.

O inadimplemento de um simples contrato de seguro pode deixar terceiros sem indenização em um caso sinistro. Além disso, o descumprimento de um contrato certamente deverá provocar a instauração de mais um processo judicial para o nosso moroso e ineficiente Judiciário. Enfim, não raramente o inadimplemento de um contrato atingirá terceiros.

Em última análise, o custo sócio-econômico decorrente do descumprimento de um contrato é uma verdadeira injustiça, e deve ser evitado; o que nos leva a concluir que a eficiência nas relações contratuais é sem dúvida o caminho para a justiça. A esse respeito, Bruno Salama, esclarece:

> "A questão, portanto, não é tanto se eficiência pode ser igualada à justiça, mas sim como a construção da justiça pode se beneficiar da discussão de prós e contras, custos e benefícios. Noções de justiça que não levem em conta as prováveis conseqüências de suas articulações práticas são, em termos práticos, incompletas." [122]

---

[121] ZYLBERSZTAJN, Décio e SZTAJN, Rachel (organizadores). **Direito & Economia - Análise Econômica do Direito e das Organizações**. São Paulo: Ed. Campus, 2005. Rachel Sztajn em "Economia dos Contratos. p. 105.

[122] Op. cit. p. 59

Nesse momento é que a cláusula penal passa a ter grande relevância no direito contratual. Conforme já dissemos, Arnaldo Rizzardo define como finalidade básica da cláusula penal a sua capacidade de "induzir ao cumprimento". Ora ela tem por finalidade dar garantia ao contrato, e mais do que sensação de segurança, ela atua diretamente coagindo o devedor em potencial ao adimplemento da prestação na forma e tempo ajustados.

Pode-se entender, assim, que ela ajuda o contrato a ter eficiência, e, como conseqüência, auxilia efetividade contratual que já se disse interessar não só às partes contratantes, mas à sociedade como um todo.

E se a efetividade contratual representa, ao fim e ao cabo, a circulação de riquezas conforme interesses dos contratantes e da sociedade, a um baixo índice de externalidades negativas e com reduzidos custos de transação, as partes podem e devem enxergar o instituto da pena convencional como ferramenta para se alcançar o bem estar sócio-econômico.

3.5. A dispensável limitação legal à cláusula penal

A doutrina costuma defender o limite imposto ao valor da cláusula penal no art. 412 do CC alegando que esta forma de intervenção prévia e genérica (aplica-se a todo e qualquer contrato) do Estado no princípio da autonomia da vontade se justifica para manter a lealdade equilíbrio contratual.

Caio Mário, em uma crítica direta à limitação legal ao valor da cláusula penal, que serviu de catalisador para este trabalho, afirma:

> "O novo Código mantém um princípio que no regime de 1916 já não tinha justificativa. E, na sistemática do atual, menos cabimento traz. A manutenção é fruto da pura força da inércia. Uma vez que estava, ficou. Somente as partes são interessadas em reforçar o cumprimento da obrigação com uma pena convencional. E, do mesmo modo que são livres para inseri-la ou não, no texto ou em apartado, devem ter o arbítrio de graduá-la nos limites de suas conveniências, estimando-a em cifra mais ou menos elevada. Não é a defesa contra a usura que orienta a sua limitação, porque o mútuo é tratado como contrato típico, e pode comportar normas restritivas, como, aliás, aconteceu com o Decreto nº. 22.626, de 7 de abril de 1933, que restringiu a pena convencional, para aquele contrato, no limite de 10% do débito. A disposição

do art. 412 do Código Civil de 2002 é inócua, tendo em vista que o seguinte permite a redução equitativa pelo juiz, e o art. 416 admite seja estipulada indenização suplementar." [123]

Verifica-se, do trecho acima, que o autor assume que o CC deveria deixar para a legislação especial tratar dos casos específicos em que deve haver limitação prévia da cláusula penal, especialmente nos contratos típicos, em que é possível ao legislador, de antemão, vislumbrar a existência de relação contratual desequilibrada, ocasião em que de fato se justifica a proteção legal da parte vulnerável.

O CC ainda é a lei geral, e deve regular, em princípio, os contratos paritários. Para uma intervenção à liberdade de contratar tão rigorosa dentro de seu contexto, seria prudente por parte do legislador que a fizesse de maneira mais específica, tal como tal como no respectivo art. 1.336, em que a limitação imposta à cláusula penal é dirigida aos casos específicos de atraso no pagamento de contribuição condominial nos condomínios edilícios.

Não se está negando o princípio da função social do direito que permeia a Lei Civil, e que autoriza e legitima a intervenção do Estado nas relações jurídicas; até porque ao longo desse trabalho enalteceu-se o dirigismo estatal cristalizado na possibilidade de redução da cláusula penal quando há abuso das partes, nos termos do art. 413 do CC, que inclusive é norma de ordem pública, como se viu.

Mas uma intervenção prévia e genérica dessa natureza prejudica sobremaneira a possibilidade do uso da cláusula penal como ferramenta de coação ao cumprimento do contrato. Como anota Caio Mário no trecho acima, apenas as partes que são interessadas em reforçar o cumprimento da obrigação, e por isso devem ser livres para graduar a pena nos limites de suas conveniências, estimando-a em valor mais ou menos elevado.

Imaginemos um contrato de valor extremamente baixo, uma prestação de um mil reais, mas que pode acarretar prejuízos dezenas de vezes maior do que o valor da obrigação principal. Nesse contexto, para a fixação da cláusula penal as partes estarão adstritas a uma cláusula penal estabelecida no valor

---

[123] Op. cit. p. 158.

máximo de um mil reais. Uma multa de um mil reais pode simplesmente não servir para coagir, nem para punir, e tampouco para indenizar.

Nesse sentido, podemos pensar em uma noiva que contrata um fotógrafo para o seu casamento. E se o fotógrafo simplesmente não aparecer no horário combinado e o casamento ficar sem fotografias? Poderia a noiva estipular uma cláusula penal duas vezes o valor do contrato, como forma de garantir a efetividade do ajuste?

A resposta é não, já que o art. 412 do CC impede expressamente essa prática. E nessa hipótese nem se pretenderia estipular multa com finalidade compensatória, pois os danos decorrentes da ausência do fotógrafo certamente podem ser muito maiores do que duas vezes o valor do contrato. O intuito dessa multa convencional seria, simplesmente, o de coagir a parte a cumprir a obrigação.

Podemos ainda revisitar o exemplo do contrato de compra e venda de safra futura, em que o adquirente vende essa safra no mercado externo e, diante de um possível descumprimento do contrato original, estaria sujeito à execução do contrato celebrado com o comprador estrangeiro e/ou às perdas e danos que este último viesse a cobrar. Poderia ser estabelecida cláusula penal no ajuste original que cobrisse estes riscos? A resposta é não, pois certamente violaria o teto legal.

Outra situação em que seria de extrema relevância a possibilidade de livre ajuste do valor pelas partes seria o caso de descumprimento doloso da obrigação. Há casos em que o devedor, por interesse próprio, opta por não cumprir o contrato. À vista do desejo das partes e da sociedade na efetividade dos contratos, não seria razoável a fixação de uma multa no valor do dobro do valor da obrigação?

Portanto, em determinados casos, a estipulação da cláusula penal impede que o descumprimento do contrato possa ser uma vantagem para o devedor.

Podemos admitir situação em que a parte, sabendo que diante do descumprimento, estará obrigada apenas ao pagamento de uma multa de, por exemplo, 30% sobre o valor da obrigação, pode entender mais conveniente e mais economicamente viável o descumprimento do contrato.

A esse respeito, vejamos o que diz Joaquim de Paiva Muniz.

> "Nessa acepção, a cláusula penal cujo valor seja excessivamente alto impediria o "descumprimento eficiente do contrato". Segundo essa teoria, se o custo de se cumprir um contrato for maior do que os danos causados pela violação contratual, a conduta mais eficiente seria descumprir tal contrato, desde que houvesse a garantia de que a parte prejudicada seria ressarcida por seus prejuízos. Conforme essa doutrina, o devedor não deve ser compelido a adimplir o contrato, quando isso for economicamente ineficiente, devido à existência de multa, manifestamente desproporcional ao dano que poderia ser causado ao credor". [124]

Em última análise, portanto, seria mais eficiente ao devedor inadimplir o contrato do que cumpri-lo. Além disso, num contexto como esse, sob a óptica do princípio da eficiência tal com visto pela Economia, o descumprimento efetivo dos contratos geraria menos, o que seria uma absoluta subversão da ordem jurídica.

Todos estes exemplos demonstram que existem situações em que para que a cláusula penal de fato pudesse emprestar garantia e segurança ao contrato, precisaria ser fixada em valor superior ao valor da obrigação principal. Isso quer dizer que o limite legal acaba por enfraquecer ou até inutilizar o instituto.

E mais uma vez é importante lembrar que, na hipótese de mau uso do instituto da cláusula penal estabelecida em valor superior ao valor da obrigação, o Poder Judiciário sempre estará autorizado a reduzi-la, conforme dicção do art. 413 do CC que, repita-se, é regra cogente e aplicável de ofício pelo juiz

Quanto ao argumento de que uma série de ações judiciais poderiam ser ajuizadas para se discutir o valor excessivo da cláusula penal, isso não é verdade. A uma porque não seria razoável ao devedor ir a juízo discutir o valor se ele não for cobrado via ação própria pelo credor e, nesse caso, o juiz poderá reduzir o valor da multa estabelecido em valor excessivo; e a duas porque a multa só produz efeitos se o devedor incorre em mora, hipótese em que a

---

[124] MUNIZ, Joaquim de Paiva. Considerações sobre certos institutos de direito contratual e seus potenciais efeitos econômicos, in Revista de Direito Bancário e do Mercado de Capitais. (Coord.: Arnold Wald). Ano 7, nº 25, julho-setembro de 2004, Editora Revista dos Tribunais, p. 107.

questão, se levada ao Judiciário, será por conta do inadimplemento, de não da multa estabelecida.

Conclui-se, assim, que o art. 413 do CC, por si só, torna desnecessário e impertinente o limite preconizado no antecedente art. 412. A maior prova disso é que no CCI, no CCP e no CCA não há essa limitação legal, certamente porque todos eles também autorizam, expressamente, a redução judicial da cláusula penal que tenha sido fixada em valor manifestamente excessivo.

Nesse sentido, Christiano Cassetari, citando Paulo Nader:

> "Paulo Nader afirma a limitação prevista no Código Civil brasileiro quanto ao limite da cláusula penal só encontra correspondente no Código Civil do México, pois a generalidade das codificações mundiais apresenta fórmula diversa, como o Código Civil alemão (§ 343), Código Civil português (art. 810) e o Código Federal Suíço de Obrigações (art. 163, 1), que determina a possibilidade de as partes convencionarem a multa em nível arbitrário, pois todos eles autorizam a redução judicial". [125]

Verifica-se do trecho acima que o art. 412 só encontra correspondente no Código Civil Mexicano; além dele, o autor menciona que o Código Alemão e o Suíço também não prevêem limite legal para o valor da cláusula penal.

Enfim, buscando a efetividade dos contratos, assim entendida como a obediência à sua força obrigatória e o desejo de evitar externalidades negativas e reduzir custos de transação, é que há algumas hipóteses em que a cláusula penal precisa ser fixada em elevado patamar, inclusive ultrapassando o valor da prestação, se for o caso (essa situação é bastante comum em contratos com valor muito baixo, tal como nos exemplos vistos anteriormente).

---

[125] CASSETARI, Christiano. Op. cit. p. 78, citando Paulo Nader em "NADER, Paulo. Curso de Direito Civil – Obrigações. Vol. 2. Rio de Janeiro: Forense, 2005."

3.6. Conclusões parciais - Capítulo 3

Embora o Direito e a Economia sejam ciências com princípios e metodologias completamente distintos, ambas tratam dos problemas de coordenação, estabilidade e eficiência na sociedade.

Essa intersecção fez surgir a doutrina chamada de *Law and Economics* (Direito e Economia), cujo estudo se aprofundou partir da segunda metade do século passado, por meio de trabalhos dos professores Ronald Coase e Richard Posner, da Escola de Chicago, e Guido Calabresi, de Yale.

A Economia aplicada ao Direito implica em uma análise empírica do ordenamento, extrapolando-se o contexto da relação jurídica em si mesma para uma análise do caso concreto em um contexto social. Sob a ótica do Direito e Economia, ganham relevância as externalidades (efeitos irradiados para fora da relação jurídico-econômica) e os custos de transação (custos decorrentes de um negócio jurídico ou de uma transação).

O contrato é mais do que um mero negócio jurídico celebrado entre partes em consonância com a lei. Ele deve ser avaliado e interpretado em um ambiente de mercado, buscando-se eficiência.

Para o Direito, a efetividade dos contratos está relacionada à obediência aos princípios contratuais tradicionais, principalmente autonomia da vontade e força obrigatória, e aos novos princípios, sobretudo a função social do contrato. Para a Economia, está ligada a redução das externalidades negativas e dos indesejados custos de transação.

Na medida em que a intenção do homem é adquirir bens e serviços conforme seu interesse e necessidade, e partindo da premissa que o contrato interessa não só às partes contratantes, mas também à sociedade, a eficiência contratual deve levar em considerações preceitos de Economia, como forma de se garantir a circulação de riquezas de maneira eficiente.

Enfim, para Direito e Economia, a efetividade dos contratos nada mais é do que a busca da eficiência nas relações contratuais vista como um conjunto, e não isoladamente. Nesse contexto, a cláusula penal é uma das armas de que dispõe as partes para alcançar o bem estar sócio-econômico.

Ocorre que o limite imposto ao valor da cláusula penal no art. 412 do CC mitiga demasiadamente o poder (coercitivo) da cláusula penal quanto a reforçar o cumprimento do contrato. Esta intervenção prévia e genérica limita a autonomia das partes a ponto de, em alguns casos, prejudicial a efetividade contratual. Nos contratos de pequeno valor, por exemplo, é necessária uma multa elevada para coagir o devedor ao adimplemento.

Além disso, o art. 413 do CC, ao autorizar a redução judicial da cláusula penal que tenha sido fixada em valor manifestamente excessivo, por si só, torna desnecessário e impertinente o limite preconizado no art. 412.

Em resumo, o limite legal da cláusula penal é dispensável e diminui a eficiência dos contratos porque *(i)* interfere previamente na autonomia da vontade das partes de forma agressiva e absolutamente injustificada, sobretudo porque é possível a redução judicial da multa; *(ii)* impede que as partes estipulem cláusula penal em valor superior ao da obrigação principal em hipóteses em que uma multa elevada seria essencial para coagir o devedor em potencial a cumprir a obrigação; e *(iii)* está na contramão dos códigos civis de importantes ordenamentos jurídicos do sistema da *civil law*.

CONCUSÃO FINAL

Diante de todas as questões e considerações trazidas ao longo deste trabalho, corroboradas pelo entendimento de uma série de autores que tratam dos tópicos abordados, é possível concluir que a cláusula penal é vista como um dos mais eficientes mecanismos de garantir o cumprimento das obrigações; e que, portanto, é uma das ferramentas mais importantes para se fazer valer um contrato.

Seja a cláusula penal punitiva ou mera liquidação antecipada de perdas e danos, a sua finalidade coercitiva deve ser explorada pelas partes como forma de trazer real efetividade aos contratos, o que não só a elas interessa, mas também à toda sociedade.

Se por um lado o valor da cláusula penal não pode ser exorbitante, sob pena de subversão do instituto e até mesmo de revisão judicial, a limitação ao valor da multa insculpida no art. 412 do CC se mostra, a toda evidência, como uma indesejada intervenção do Estado na autonomia privada das partes no momento da contratação; sobretudo porque, como visto, o contrato é muito mais do que a mera criação, extinção ou modificação de um vínculo jurídico, mas sim um instrumento que viabiliza a circulação de riquezas, impulsionando a economia.

O art. 413 do CC, visto como norma de ordem pública, denota a impertinência do limite legal imposto às partes para a fixação do valor da cláusula penal. Os abusos de direito podem e devem ser controlados pela norma, mas não necessariamente mediante restrição prévia e expressa de direito, já que o controle posterior poderá ser feito de maneira mais criteriosa.

Verificou-se, ainda, que os códigos civis da Itália, Portugal e Argentina não limitam a multa penal tal como o CC brasileiro. Eles tratam, sim, da possibilidade de redução judicial da pena para as hipóteses em que a multa penal é estipulada em valor excessivo, mas não dispõem sobre a sua limitação prévia.

Além disso, à míngua de lei e/ou de decisões judiciais que socorra a crítica ao art. 412 do CC, há autores (Caio Mário e o próprio Clóvis Beviláqua) que também censuram a limitação ao valor da cláusula penal.

Enfim, buscou-se demonstrar que nos casos em que a relação jurídica é desequilibrada (relações de consumo, por exemplo), é razoável a imposição de uma limitação ao valor da cláusula penal, como forma de proteger a parte vulnerável. É nesse contexto que o Estado deve agir a intervenção de fato se justifica.

Por fim, nos contratos em geral, é dizer, nas contratações paritárias cotidianas, o cumprimento pontual das obrigações é o que se espera das partes, pelas partes, e também é o que espera a sociedade; e o limite imposto ao valor da cláusula penal no art. 412 do CC sem dúvida prejudica o poder (coercitivo) do credor da obrigação em forçar o cumprimento do contrato, o que não é desejável nem para o credor e nem sociedade.

BIBLIOGRAFIA

AZEVEDO, Álvaro Villaça. **Teoria Geral das Obrigações**. 10ª edição. São Paulo: Atlas, 2004.

AZZARO, Andrea Maria. 2: *Il contrato in generale*. Milano: Giuffrè, 2009.

BARROS, Fernando Leister de Almeida. **A Redução da Cláusula Penal**, *in* Revista do Advogado, ano 2, nº. 8, janeiro-março de 1982, São Paulo.

BEVILÁQUA, C. C. **Código Civil dos Estados Unidos do Brasil**. Rio de Janeiro: Editora Estácio de Sá, 1932.

BEVILÁQUA, Clovis. **Direito das Obrigações**. 8ª ed., (revista e atualizada por Achilles Bevilaqua) Rio de Janeiro: Editora Paulo de Azevedo Ltda., 1954.

BOBBIO, Norberto. **Teoria do Ordenamento Jurídico**. Trad. Maria Celeste C. J. Santos; rev. téc. Cláudio de Cicco; apres. Tércio Sampaio Ferraz Júnior. 10ª Ed. Brasília: Editora Universidade de Brasília, 1997

BOLTON, Patrick e DEWATRIPONT, Mathias. *Contract Theory*. The MIT Press: 2005, EUA.

CALAMARI e PERILLO. *Contracts*. Fifth edition. EUA: Thompson West, 2009.

CASSETARI, Christiano. **Multa Contratual – Teoria e prática da cláusula penal**. 2ª ed. revisita e atualizada. São Paulo: Editora Revista dos Tribunais, 2010.

COASE, Ronald. **O problema do custo social**. *The Latin American and Caribbean Journal of Legal Studies*, N. 1, Vol. 3, Article 9, 2008.

COOTER, Robert e ULEN, Thomas. *Law and Economics*. 3a. ed. Ed. Addison Wesley Longman: 2000, EUA.

COSTA, Marta. *Arbitragem e redução da cláusula penal compulsória, in* **Revista de Arbitragem e Mediação** (Coord.: Arnold Wald). Ano 1, nº 1, janeiro-abril de 2004, Editora Revista dos Tribunais.

DINIZ, Maria Helena. **Código Civil Anotado**. 10ª ed. rev. e atual. de acordo com o novo Código Civil (lei n. 10.406, de 10.1.2002). São Paulo: Saraiva, 2004.

DINIZ, Maria Helena. **Curso de Direito Civil. Teoria Geral das Obrigações**. 2º vol. 8ª ed. rev. e atual. São Paulo: Saraiva, 1994.

DINIZ, Maria Helena. **Tratado Teórico e Prático dos Contratos**. Volume 1. 6ª ed. rev. e atual. de acordo com o novo Código Civil (lei n. 10.406, de 10.1.2002). São Paulo: Saraiva, 2006

FARIAS, Cristiano Chaves de. **Miradas sobre a cláusula penal no direito contemporâneo.** Revista de Direito da FAT (Faculdade Anísio Teixeira). nº 2, Bahia, 2009. Disponível em http://www.fat.edu.br/saberjuridico/publicacoes02.php. Acesso em 13 de janeiro de 2011.

FERANDES, Wanderley. **Fundamentos e Princípios dos Contratos Empresariais** (coord.). Série GVlaw. São Paulo: Saraiva, 2007.

FILHO, Castro, et al. **Comentários ao Código Civil Brasileiro.** Arruda Alvim e Thereza Alvim (coord.). V. IV. Rio de Janeiro: Forense, 2006.

FILOMENO, José Geraldo Brito. **Da cláusula penal no direito do consumidor,** *in* Revista de Direito do Consumidor. nº. 49, Editora Revista dos Tribunais, janeiro-março de 2004.

FIÚZA, César. **Para uma Releitura da Principiologia Contratual.** Pontifícia Católica de Minas Gerais. Faculdade Mineira de Direito. VIRTUAJUS. Disponível em http://www.fmd.pucminas.br/Virtuajus/ano2_2/Para%20uma%20releitura%20da%20principiologia%20contratual.pdf. Acesso em 08 de janeiro de 2011.

FONSECA, Rodrigo Garcia da. **A função social do contrato e o alcance do art. 421 do Código Civil.** Rio de Janeiro: Renovar, 2007.

FRANÇA, Rubens Limongi. **Teoria e prática da cláusula penal.** São Paulo: Saraiva, 1988.

GOMES, Orlando. **Contratos.** Rio de Janeiro: Forense, 2009.

GRINOVER, A.; BENJAMIN, A. H. de V.; FINK, D. R. et al. **Código Brasileiro de Defesa do Consumidor.** 6. ed. São Paulo: Forense Universitária, 1999.

GUIMARÃES, Paulo Jorge Scartezzini. **Vícios do Produto e do Serviço por qualidade, quantidade e insegurança: cumprimento imperfeito do contrato.** São Paulo: Editora Revista dos Tribunais, 2004.

JÚNIOR, Nelson Nery. **Código de Processo Civil Anotado,** São Paulo: Revista dos Tribunais, 1997.

KELETI, Daniel de Leão. **Cláusula penal no Código Civil.** 2007. 236 páginas. Dissertação (Mestrado em Direito). Faculdade de Direito da Pontifícia Universidade Católica de São Paulo - Disponível em http://www.sapientia.pucsp.br/tde_busca/arquivo.php?codArquivo=5730. Acesso em 17 de dezembro de 2010.

LAGO, Juliano. **A cláusula penal.** Jus Navigandi, Teresina, ano 7, n. 58, 1 ago. 2002. Disponível em: http://jus.uol.com.br/revista/texto/312. Acesso em 08 de janeiro de 2011.

MARQUES, Claudia Lima [org.]. **A nova crise do contrato: estudos sobre a nova teoria contratual.** São Paulo: Editora Revista dos Tribunais, 2007.

MARQUES, Cláudia Lima. **Contratos no Código de Defesa do Consumidor: o novo regime das relações contratuais.** 5ª ed. rev., atual. e ampl. São Paulo: Editora Revista dos Tribunais, 2006.

MARTINEZ, Pedro Romano, **Direito das Obrigações (Parte Especial) – Contratos.** 2.ª Edição. Coinbra: Almedina, 2007

MAZZARESE, Silvio. ***Clausola Penale.*** Milano: Giuffrè, 1999

MAXIMILIANO, Carlos. **Hermenêutica e Aplicação do Direito.** Rio de Janeiro: Forense, 2004.

MIRANDA, Pontes de. **Tratado de direito privado.** Tomo XXVI, 2ª ed., Rio de Janeiro: Editor Borsoi, 1959.

MONTEIRO, Washington de Barros. **Curso de direito civil, v.4: Direito das obriga-**

ções. 37ª ed., São Paulo: Saraiva, 2003. (obra atualizada por Carlos Alberto Dabus Maluf)

MUNIZ, Joaquim de Paiva. *Considerações sobre certos institutos de direito contratual e seus potenciais efeitos econômicos, in* **Revista de Direito Bancário e do Mercado de Capitais**. (Coord.: Arnold Wald). Ano 7, nº 25, julho-setembro de 2004, Editora Revista dos Tribunais, pp. 104-121.

NANNI, Giovanni Ettore [org.]. **Temas relevantes do Direito Civil contemporâneo: reflexões sobre os cinco anos do Código Civil**. São Paulo: Atlas, 2008.

NOGAMI, Otto. **Princípios de Economia**. 5ª ed. revista. São Paulo: Thomson Learning, 2006.

NORTH, Douglass C. *Institutions*. **The Journal of Economic Perspectives**, Vol. 5, No. 1. (Winter, 1991), pp. 97-112. Disponível em http://links.jstor.org/sici?sici=08953309%28199124%295%3A1%3C97%3AI%3E2.0.CO%3B2-W. Acesso em 08 de janeiro de 2011.

PELUSO, Cezar. Código Civil Comentado. Cezar Peluso (coord. - diversos autores). Barueri, SP: Manole, 2007.

PEREIRA, Caio Mario da Silva. **Instituições de Direito Civil: teoria geral das obrigações**. v. II, 20ª ed., Rio de Janeiro: Forense, 2003.

PINHEIRO, Armando Castelar e SADDI, Jairo. *Direito, Economia e Mercados*. Rio de Janeiro: Ed. Elsevier, 2006.

PIRIS, Cristian Ricardo A. *Inconsistencias de La cláusula penal. Crítica a La segunda parte Del artículo 656 do Código Civil*. **Revista de la Facultad de Ciencias Económicas - Nº 3 - Segundo Semestre, 2004.**

PODESTÁ, Fábio Henrique. **Direito das obrigações: teoria geral e responsabilidade civil**. São Paulo: Atlas, 1997.

POSNER, Richard A. *The Economic Approach to Law*. 53 *Texas Law Review*

(1975). Disponível em http://www.law.uchicago.edu/node/79/publications. Acesso em 11 de dezembro de 2010

RIZZARDO, Arnaldo. **Direito das obrigações**. 4ª ed., Rio de Janeiro: Forense, 2008.

RODRIGUES, Silvio. **Direito Civil: Parte geral das obrigações**. v. 2, 22ª ed., atualizada. São Paulo: Saraiva, 1994.

SHAVELL, Steven. *Law and economics*. *International* Encyclopedia of the Social Sciences, 2nd edition, William A. Darity, ed., Detroit, Macmillan. 2008. Vol. 4, 367-369. Disponível em http://www.law.harvard.edu/faculty/shavell/pubs.php Acesso em 03 de janeiro de 2011.

SILVA, Jorge Cesa Ferreira da. **Inadimplemento das obrigações**. São Paulo: Editora Revista dos Tribunais, 2007. (Coleção biblioteca de Direito Civil: estudos em homenagem ao professor Miguel Reale, v. 7 / coordenação Miguel Reale e Judith Martins-Costa). São Paulo: RT, 2007.

SILVA, José Afonso da. **Curso de Direito Constitucional Positivo**. 15ª edição revista e atualizada. São Paulo: Malheiros, 1998.

STIGLITZ, Joseph E.; WALSH, Carl E. **Introdução à microeconomia**. Tradução [da 3ª ed. original] de Helga Hoffmann. Rio de Janeiro: Campus, 2003.

VARELA, João de Matos Antunes. **Das obrigações em geral**, v. II. 7ª ed., Coimbra: Livraria Almedina: 1997.

VENOSA, Sílvio de Salvo. **Direito civil: teoria geral das obrigações e teoria geral dos contratos**. (Coleção direito civil – v. 2). 3ª ed., São Paulo: Atlas, 2003.

TEPEDINO, Gustavo, BARBOZA, Heloísa Helena e MORAES, Maria Celina Bobin de. **Código Civil interpretado conforme a Constituição da República**. 2ª ed., Rio de Janeiro: Renovar, 2007.

TIMM, Luciano Benetti (org.). **Direito & Economia**. 2ª ed. rev. e atual. Porto Alegre: Livraria do Advogado Editora, 2008.

ZYLBERSZTAJN, Décio e SZTAJN, Rachel (org.). **Direito & Economia – Análise Econômica do Direito e das Organizações**. São Paulo: Ed. Campus, 2005.

SUMÁRIO

Apresentação 9

Prefácio 11

Introdução 15

Capítulo 1 – A Cláusula Penal como Instituto de Direito 19

1.1. Aspectos gerais 19
1.2. Cláusula penal *versus* arras 24
1.3. Espécies e funções de cláusula penal 26
    1.3.1. Caracteres. 26
    1.3.2. Cláusula penal compensatória 29
    1.3.3. Cláusula penal moratória 32
1.4 A finalidade coercitiva: identidade com as '*astreintes*'. 34
1.5. Efeitos da cláusula penal 38
1.6. A limitação da cláusula penal: art. 412 do CC. 42
1.7. A revisão judicial (redução) da cláusula penal 49
1.8. Conclusões parciais - Capítulo 01. 54

Capítulo 2 – A Cláusula Penal fora do Código Civil. 57

2.1. A cláusula penal no Código de Defesa do Consumidor 57
2.2. A cláusula penal e a Lei da Usura. 63

2.3. Limitação da cláusula penal em outros ordenamentos 66
2.3.1. Código Civil Italiano 66
2.3.2. Código Civil Português 69
2.3.3. Código Civil Argentino 73
2.4. A Interpretação do Superior Tribunal de Justiça
sobre a aplicação da cláusula penal. 76
2.5. Conclusões parciais - Capítulo 2 83

**Capítulo 3 – Direito e Economia: A Cláusula Penal como
Ferramenta de Cumprimento do Contrato** 85

3.1. Apresentação e o diálogo entre Direito e Economia. 85
3.2. A aplicação do Direito e Economia nos contratos 92
3.3. O contrato como ferramenta de circulação de riquezas
e os princípios tradicionais dos contratos 97
3.4. A cláusula penal como forma de garantir a efetividade dos contratos
e o princípio da eficiência 102
3.5. A dispensável limitação legal à cláusula penal 105
3.6. Conclusões parciais - Capítulo 3 110

Conclusão 113

Bibliografia 115